ХОДИТЬ
по ВОДЕ

ХОДИТЬ *по* ВОДЕ

Жизнь, полная чудес, смелой веры и единства с Богом

ДЖЕННИФЕР МИСКОВ
доктор философии

Авторские права © 2024 Дженнифер Мисков

Дженнифер А. Мисков заявляет о своем моральном праве быть идентифицированной как автор и редактор этой работы.

Посетите сайт автора на *JenMiskov.com*

Авторские фотографии Дженнифер — Аннет Биггерс

Дизайн обложки — Брайан Бобел

Все цитаты из Священного Писания соответствуют Новому русскому переводу, кроме особо оговоренных.

Все права защищены. Никакая часть этой книги не может быть воспроизведена или использована в какой бы то ни было форме и какими бы то ни было средствами: электронными, механическими, включая фотокопирование, запись на пленку и другие средства хранения информации, — без предварительного письменного разрешения владельца авторских прав. Исключение делается для рецензентов, желающих процитировать небольшие отрывки в своем отзыве, предназначенном для журнала, вебсайта, газеты, аудио- и видеозаписи, теле- и радиопрограммы.

ISBN paperback: 978-0-9842370-9-8
ISBN hardcover: 978-1-964481-00-5
ISBN ebook: 978-1-964481-01-2

Используя конкретные и часто уязвимые иллюстрации из своей жизни и истории других людей, Джен Мисков вдохновляет нас доверять Господу и надеяться на Него. Господь, Который ведет нас в бурю, будет с нами и там; Его более чем достаточно, Он — самая большая ценность.

Крейг С. Кинер,
профессор библейских исследований,
Богословская семинария Эсбери

Если вы готовы выйти из лодки и идти на риск вместе с Иисусом, то вы в правильном месте. Джен Мисков одна их тех людей, которые живут жизнью экстравагантной веры, и в книге «Ходить по воде» она ведет вас в путешествие к подобной жизни.

Джессика Тейт,
основательница организации *Yielded Ministries*

Джен Мисков страстно любит Бога, и ее заразительный пыл, соединенный с любовью к истории и Церкви пробудит глубокую страсть в вашем сердце. Я настоятельно рекомендую прочитать эту книгу, чтобы в вас тоже смогла разгореться пламенная любовь и вы почувствовали свое призвание как Его возлюбленного.

Тереза Дедмон,
основательница Академии творчества

Мы познакомились с Дженнифер Мисков в доме предыдущего пробуждения в Окленде, где Фрэнк Бартлман, великий ходатай пробуждения на Азуза-стрит, молился сто лет назад. Я общался с женщиной, в которой горит сердце служителя пробуждения. Она страстно желает, чтобы знамения и чудеса великих женщин-евангелисток прошлого проявлялись сегодня. Эта книга зародит веру и пробудит жажду иметь глубочайшие уровни единения с Богом, чтобы вы и многие другие люди могли ходить в чудесах, которые должны проявляться в мире сегодня. Прочитайте ее, и пусть ваша жизнь преобразится.

Лу Ингл,
сооснователь и президент служения «Призыв»

Я знаю Джен уже много лет, и сама была свидетелем того, как ее любовь к Иисусу и людям радикально повлияли и изменили тысячи жизней по всему миру. Читая книгу «Ходить по воде», я увидела колесо со спицами, соединяющимися со ступицей. Я видела каждую главу ее книги как спицу в колесе, в центре которого находится Иисус, Который, как основная деталь, надежно удерживает все вместе. Джен соединяет каждую истину с Тем, Кто Сам есть Истина. Я в восторге от того, как Джен строит эту книгу, потому что каждый духовный принцип, который она раскрывает, возвращает нас к Иисусу — Источнику всего. В книге «Ходить по воде» вы не только получите глубокие духовные откровения, но и познаете Его более близко. Я верю и молюсь, о том, чтобы эта книга повлияла на вашу жизнь и вдохновила вас приводить людей к познанию Иисуса, оказывая влияние на многие жизни в этом мире, а также в вечности.

Мел Тари,
автор книги «Как могуч ветер»

Книга «Ходить по воде» была написана одной из моих удивительных духовных дочерей. Когда вы раскроете свое сердце для ее послания, Бог прикоснется к вашей жизни Своей огромной любовью. Иисус достоин нашего «да». Он жаждет нашего нераздельного поклонения. Я благословляю вас воспламениться новым огнем близости с Иисусом, когда вы отправитесь в это путешествие со Святым Духом в книге «Ходить по воде».

Хайди Бейкер,
директор-основатель служения
«Айрис Глобал» (*Iris Global*)

«Ходить по воде» — это вызов сделать шаг в невозможное. Джен проделывает блестящую работу, показывая в своем образе жизни и написании книг, что жизнь в невозможном напрямую связана с близостью с Богом. В сердце Дженнифер горит желание привести нас к настоящим отношениям первой любви с Иисусом. Я молюсь о том, чтобы во время чтения книги «Ходить по воде» Бог глубоко коснулся вас, меня и всех нас в нашей любви к Иисусу, приближении к Нему и доверии Ему, чтобы увидеть, как Он вторгается в то, что кажется абсолютно невозможным.

Билл Джонсон,
старший лидер церкви «Вефиль» в Реддинге

Читая предисловие Хайди к книге «Ходить по воде», а затем введение, я чувствовала Божий огонь. Мне удалось дочитать первые страницы, но потом я просто не могла больше игнорировать это пламя внутри. Я захлопнула ноутбук и сказала двум девушкам, сидевшим со мной в гостиной, что эта книга просто сокрушила меня и мне нужно пойти в свою комнату, чтобы поклониться. У меня была непреодолимая жажда Иисуса и желание остаться наедине с Ним. Это стремление было настолько сильным, что я просто не могла его игнорировать. Я почувствовала, что внутри снова сдавалась Ему, и это было прекрасно. Во время поклонения и на протяжении чтения книги, я знала, что Бог работает в моем сердце и убирает мой дом. Я начала перекраивать свое расписание и намеренно выделять время, чтобы снова быть с Ним. Я вернулась к своей первой любви. Имея такую близость с Ним, знаю, что теперь могу выйти из лодки.

Эта книга имеет ключевое значение для нынешнего сезона и времени, в котором мы живем. Мы стоим на пороге чего-то грандиозного, и нам нужно убедиться, что единство и близость с Богом имеют для нас первостепенное значение! «Ходить по воде» действительно изменила мою жизнь и подтвердила то, что уже было в моем сердце!

Сара Ходжкинсон,
выпускница школы сверхъестественного
служения «Вефиль» в Южной Африке

Книга «Ходить по воде» пленила мое сердце и побудила его гореть одним желанием. Во время чтения у меня были моменты, когда все, о чем я могла думать, это уйти от всех и побыть с Иисусом; книга вызывала непреодолимую жажду побыть наедине с Тем, Кого я люблю. Эта книга рассказывает о том, что жизнь чудес вытекает из близких отношений с Богом; она помогла избавиться от давления и борьбы и напомнила простую истину, что все дело в Нем. Близость рождает приключения. Книга Джен смягчила мое сердце и укрепила во мне мужество, и я знаю, что она сделает то же самое и для вас.

Мери Томасон,
выпускница школы сверхъестественного
служения «Вефиль» в Англии

Посвящение

Моей сестре, Дарли Дейк, которая является олицетворением невероятной решимости и храбрости. Ты одна из самых вдохновляющих матерей-одиночек, которых я знаю. Милосердие, которое ты испытала в своей жизни и демонстрируешь другим, просто удивительно.

Моему брату, Джо Мискову. Ты настоящий герой, положивший свою жизнь, чтобы приносить облегчение и убежище людям, оказавшимся в тяжелейших обстоятельствах. То, как ты самоотверженно отдаешь свою жизнь, чтобы любить бедных и тех, кто больше всего в этом нуждается, поистине вдохновляет.

Марку Бруксу, настоящему отцу этого поколения. Вы воспитали смелых людей, которые знают, что такое радость, и отмечены любовью Отца. Ваша страсть к пробуждению заразительна.

Вам, мои читатели. Я верю, что Господь предназначил вам быть «горячими», чтобы в партнерстве с другими зажечь поколение для Иисуса. Вы будете гореть, но не сгорите, потому что будете смотреть на Иисуса, пребывать в Нем и окружать себя семьей во все дни своей жизни.

Я молюсь о том, чтобы вы приняли эту книгу — частичку моего сердца, отданную вам, — как жертву любви, которая зажжет в вас непоколебимую решимость держаться за Иисуса, чего бы это ни стоило.

Оглавление

Признательность 13

Предисловие Хайди Бейкер
    Страстное желание быть в Его присутствии 15

Начало 23

  1. Тайное место 29
  2. Восстановление надежды 39
  3. Покой во время бури 49
  4. Искусство отпускать 59
  5. Движимые любовью 73
  6. Фокус 85
  7. Безраздельное внимание 97
  8. Движение вперед 107
  9. Это не была идея Иисуса 117
10. Риск 129
11. Стойкость 139
12. Ищите прежде Царства 151
13. Чудесный полет 165
14. Жажда 181
15. Движимые Богом 191
16. Смелость 201
17. Горите 213

Послесловие 217

Приложение. Масло 223

Руководство для малых групп 226

Признательность

Я бесконечно благодарна Джейн Кэмпбелл за то, что она не опустила руки и верила в этот проект и в меня. Вместе со Святым Духом она стала настоящим катализатором этой книги. Я также благодарна Стиву Лоусону за то, что он отличный агент, всегда готовый поддерживать и защищать мои интересы.

Особая благодарность Ролланду и Хайди Бейкер, а также всей команде служения «Айрис Глобал» за то, что всегда верили в меня и поддерживали во все периоды моей жизни. Я также хочу поблагодарить своих родителей и брата с сестрой, которые всегда поддерживали меня и видели, как Бог творит чудеса в моей жизни снова и снова. Они больше не удивляются, когда я рассказываю свои истории о Боге, и стали ожидать, что Он будет продолжать двигаться чудесным образом.

Я очень благодарна семье служения «Дом предназначения» за их милость и молитвы во время написания книги. Я благодарна за неделю молитвы и поста, которую провела с ними в конце лета 2016 года. Я чувствовала возрастающее помазание, когда писала последние главы этой книги, исходящее из совместного времени пропитывания Божьим присутствием.

Никол Ранстром была верным другом, чье присутствие исцеляет; рядом с ней я всегда ощущаю себя, как дома.

Я также благодарна семье «Школы пробуждения», которая прошла со мной невероятное путешествие через глобальный локдаун и не только, и мы продолжаем быть первопроходцами во многие новые сезоны. Многие другие святые неустанно молились обо мне и ободряли в этом процессе. Мечта написать эту книгу никогда не сбылась бы без этой особой семьи великих людей, которые окружают меня любовью и поддержкой. Я бесконечно благодарна им за это.

Предисловие

Страстное желание быть в Его присутствии

Книга «Ходить по воде» была написана одной из моих удивительных духовных дочерей. Когда вы раскроете свое сердце для ее послания, Бог прикоснется к вашей жизни Своей огромной любовью. Вы встретитесь с вызовом — рискнуть всем, чтобы стать ближе к Иисусу. Вся книга «Ходить по воде» о том, чтобы успокоиться, обратить свой взор на Иисуса и пребывать в Нем. Неважно, что происходило в вашей жизни до этого момента, Бог в Своей милости хочет повести вас глубже. Во время чтения этой книги я молюсь о том, чтобы Бог захватил ваше внимание и привел в самые близкие отношения с Ним, ближе, чем вы когда-либо знали.

Иисус достоин нашего «да». Он жаждет нашего безраздельного поклонения. Он хочет повести нас глубже в Свое присутствие. Когда мы всем сердцем поклоняемся Ему, меняется атмосфера в наших жизнях. Прямо сейчас я призываю вас подчинить Ему свое сердце; подчините Ему свой разум, свое время; подчините Богу свой дух и свою жизнь. Позвольте Ему войти и повести вас в полноту Его присутствия.

Если мы переживем подаренную Им любовь, мы переживем подаренную Им радость, потому что познаем, Кто Он есть. Наше мышление и даже поступки изменятся. Когда мы познаём Его и принимаем Его любовь, благоухание Христа настолько сильно в нас, что эта сила любви направляет нас в умирающий мир. Бог хочет взять наши жизни и дышать в них и через них. Когда мы наполнены Его славой, мы настолько переживаем Его присутствие и преображаемся, что верим тому, Кем Он является, поэтому приносим плод, который пребывает.

То, что Бог совершил во мне, когда я предоставила себя Ему, выходит за рамки моего понимания. Он сделал намного больше того, что я могла себе представить. Наше движение «Айрис Глобал» продолжает расти и сегодня, потому что мы не торопились и продолжали ходить в смирении. Не торопясь и в смирении — звучит нелогично в этом мире, который считает, что все должно стремиться быть выше, быстрее, эффективнее. Но что, если мы будем двигаться неторопливо и смиренно, прислушиваясь к Божьему сердцу и разуму Христа, прежде чем начать действовать? Тогда мы пребываем на лозе. Я призываю вас изменить то, как вы используете свое время. Предоставьте себя Тому, Кто знает, что такое быть плодовитым, Тому, Кто производит плоды. Он ищет людей, которые будут сотрудничать с Ним, скажут «да» и подчинят свои сердца Иисусу, оставляя все свое. Он хочет привести вас в близкие отношения, туда, где вы не будете разочарованы.

Я молилась и видела чудеса с шестнадцати лет. Я видела, как Бог исцелял людей с проблемами со спиной, ногами, кожей, но я хотела большего. В определенный момент жизни я даже чувствовала отчаяние, потому что хотела большего в Боге, однако не знала, как этого достичь. Меня влекло в Его присутствие, и по мере того, как реальность славы становилась для меня все более и более ощутимой, все изменилось и в сфере чудес.

Внезапно я увидела чудеса, которых никогда не видела раньше: парализованные люди начинали бегать, рак исчезал, глухие начинали слышать, слепые прозревали и целые деревни людей, верующих в других богов, приходили к Иисусу.

Я поняла, что все чудеса и знамения проистекают из близости с Богом. Большую часть времени мы куда-то спешим, но нам нужно сбавить темп и осознать, что плодовитость проистекает из близких отношений с Иисусом. Вне Бога мы не можем делать ничего, однако в Нем мы можем шагнуть в сферу невозможного.

За один момент служения в помазании происходит больше, чем за годы усилий и борьбы. За один час служения в помазании я видела больше результатов, чем за годы стараний и напряжения. Нужна всего одна минута в помазании благодати, чтобы жизнь полностью преобразилась — всего одно мгновение. В моих проповедях всегда есть только один пункт — Иисус! Пребывать в моем Иисусе, любить моего Иисуса, жить с моим Иисусом, просто быть с моим Иисусом. Все, что происходит, проистекает именно из этого. Иисус взывает из самых глубин Своего сердца, прося нас уделять Ему время. Хотите ли вы посвятить Ему время? Хотите ли вы прийти туда, где вся атмосфера меняется в ощутимой славе Божьей?

После десяти лет изучения богословия в университете у меня сформировалась мысль о том, что лежать на полу и пропитываться присутствием Бога в течение семи дней — это пустая трата времени, когда вокруг столько голодных, больных, умирающих, потерянных, страдающих людей, которые не могут выбраться из своей боли. Однако я поняла, что есть времена, когда Бог «выводит нас из строя», чтобы изменить наше мышление. Если вы позволите Богу полностью захватить вас и если вы посвятите Ему свое время, Он даст вам ресурсы в оставшиеся у вас часы, чтобы помочь бедным, умирающим и сломленным. В вас будет энергия Бога. Когда вы в Нем, то прославляете Его; когда не в Нем, вы этого не делаете. Ваше выгорание огорчает Его. Когда вы отдаете себя Его присутствию и сердцу Божьему, Он наполняет вас радостью.

Когда в моей жизни становится все больше обязанностей и ответственности, и я вижу еще большую нужду помогать бедным и молиться об исцелении, то всегда меняю свое расписание. Я провожу дополнительно один час в молитвенной комнате. Я добавляю еще один час поклонения. Я добавляю еще один час в славе с Иисусом в тайной комнате. Я всегда нахожу способ сделать это, при любой занятости. Поэтому вместо того, чтобы падать в изнеможении, я делаю шаг в место победы и силы. Для того чтобы проводить время в тайной комнате, необходимо время. Если мы постоянно спешим, то упускаем самое важное. Бог хочет изменить наше мышление. Временами на нас давит модель успеха этого мира, которая заставляет нас стремиться к тому, что не угодно Богу. Господь говорит: «*Возлюбленные, если научитесь входить в сферу Моей славы, вы получите ответы на свои молитвы в физическом мире*».

Я верю, что чем больше у нас ответственности и занятости, тем больше времени нам нужно проводить в Его присутствии. Мне нужно четыре-пять часов пребывать в Его присутствии просто для того, чтобы функционировать и встречаться с многочисленными вызовами. Я просыпаюсь рано утром и провожу время с Ним. Когда я теряю радость, то нахожу ее, проводя с Ним время. Я также обнаружила, что меньше беспокоюсь в течение дня. Некоторым людям не нравится, что я провожу так много времени, пропитываясь Божьей славой, купаясь в ней, наполняясь ею, потому что они считают, что мы могли бы делать больше, если бы начинали наши встречи и совещания раньше. Каждая клеточка моего организма противится этому, и я говорю: «*Господь, посреди умирающего мира*

Предисловие

я выбираю посвящать свое время Тебе. Я буду приносить Тебе самую драгоценную жертву, самый ценный подарок, который у меня есть, — еще один час в тайной комнате. Я буду отдавать Тебе это время с радостью. Я буду дышать в присутствии Того, Кого я так сильно люблю, и я буду посвящать Тебе то, чего Ты желаешь больше всего. Я буду приносить тебе священную жертву — жизнь поклонения, жизнь в Твоем присутствии, жизнь в Твоей славе».

Бог хочет открыть глаза вашего духа. Он хочет показать вам тайное место. Он хочет изменить то, как вы думаете, и то, как вы используете свое время. Ваше время — это самый ценный дар, который вы можете преподнести Богу. Ваше время намного более ценно, чем ваши деньги или что-либо еще, что вы можете принести на алтарь. Бог просит ваше время. Он хочет проводить время с вами в Его славе, время в тайной комнате, время в Царстве Духа, время в святой славе, время, полностью и безраздельно посвященное Ему.

Я верю, что Бог хочет потрясти каждого человека, читающего «Ходить по воде». Он хочет сжечь все то, что не славит Его. Вы не можете произвести плод своими силами, но в Нем вас не остановить. Поэтому просите огня. Пусть он сожжет всякую самодостаточность, высокомерие, гордыню и мысль о том, что мы можем все делать по-своему и быстрее.

Помолитесь со мной этой молитвой сейчас:

Иисус, я хочу быть поглощенным Твоей любовью. Воспламени во мне огонь, который никогда не сгорает. Зажги мое сердце Своим огнем. Сделай его горящим, пылающим факелом. Пусть слава Иисуса воспламенит мое сердце любовью. Сожги плевелы, сожги плоть, сожги все то, что не приносит Тебе славу. СОЖГИ! Господь, воспламени меня в этот момент. Я отдаю себя как живую жертву. Я отдаю себя как приношение любви. Я отдаю себя как человек, который любит и полностью подчиняется Тебе. Я отдаю Тебе свое время. Я приглашаю Тебя изменить мое расписание и мое мышление. Мой разум все еще слишком большой, а сердце слишком маленькое. Расширь мое сердце. Приди в него Своим огнем. Я подчиняю себя огню Твоей любви. Я выбираю поклоняться Тебе своим временем и всем моим сердцем.

Я вижу в духе, как облако славы сходит на некоторых людей, читающих эту книгу сейчас. Кто-то физически начинает чувствовать жар. Это Бог отмечает вашу жизнь огнем Своей любви. Кто-то из тех, кто читает эти страницы, заключает завет с Богом и обещает изменить свое расписание. Вы не просто читаете книгу о том, чтобы ходить по воде и входить верой в сферу чудес. Вы пропитываетесь Его славным присутствием до такой степени, что ваше страдание превращается в радость, а ваш виноград превращается в виноградники. Вы перестраиваете свою жизнь, чтобы быть в еще большем единстве с Богом. Вы приглашаете Его войти и сокрушить вас Своей всепоглощающей любовью. Я прошу Его о том, чтобы огонь Божий сошел на каждого, кто сейчас читает эту книгу. Я благословляю вас воспламениться новым огнем для близких отношений с Иисусом, когда вы отправитесь в это путешествие со Святым Духом в книге «Ходить по воде».

Хайди Бейкер,
доктор богословия,
директор-основатель служения «Айрис Глобал»

Хайди и я в Реддинге, штат Калифорния, 31 декабря 2011 года, когда она рукоположила меня на служение в «Айрис Глобал»

Начало

Двадцать лет назад я и представить себе не могла, что буду писать книгу о том, чтобы ходить по воде. Но это больше, чем просто книга о чудесах и невозможном; это приглашение отправиться в путешествие по изучению того, как влюбиться еще больше. Ведь когда мы влюблены, то сделаем что угодно, даже невозможное.

Книга «Ходить по воде» говорит о внимании, близости и риске. Она о том, чтобы всегда смотреть на Иисуса, становиться еще ближе к Нему и следовать зову своего посвященного сердца, чего бы это ни стоило. Она о том, чтобы любить Его ради самой любви и о том, чтобы переступить свой страх просто для того, чтобы быть ближе к Нему. Она о том, чтобы выпрыгнуть из лодки и быть там, где Он, даже если речь идет об опасных и неспокойных водах.

В Евангелии от Матфея 14:22-33 Петр по велению сердца пошел по воде, потому что хотел быть ближе к Иисусу. Когда мы стремимся к Иисусу больше, чем к чему-либо или кому-либо другому, мы готовы на все, чтобы быть с Ним. Когда мы жаждем больше Бога, нам будет все равно, какова цена или что подумают окружающие о наших радикальных поступках любви. Когда во время бури все наше внимание к Господу и в любых обстоятельствах мы продолжаем приближаться к Нему, в невидимом мире зарождается мужественная надежда.

Пророческое видение

Летом 2015 года у меня было видение, что я нахожусь в лодке в самый разгар шторма. Капитан, одетый во все желтое, был на вахте. Рядом с ним я чувствовала себя в безопасности. У меня также было ощущение, что там, за бортом, Иисус был в этой буре и звал меня к Себе. Когда я сделала шаг к Нему навстречу, меня парализовал страх. Я не хотела покидать безопасное место в лодке, поэтому застыла на месте: одна нога внутри, вторая — снаружи; я была полностью сосредоточена на «а вдруг» и на буре вокруг меня. И все же я чувствовала, что Иисус шел по воде, далеко в буре, и Он звал меня к Себе.

Наконец я решила перевести взгляд на Его лицо. Затем я набралась уверенности, чтобы вытянуть вторую ногу, выйти из лодки и «отпустить ситуацию». Отпустить — это то, что обычно происходит с нами перед большим прорывом в нашей жизни. Я нырнула и поплыла к ногам Иисуса. Он протянул ко мне руки, готовый в любой момент вытянуть меня на поверхность воды. Несколько мгновений мы просто стояли рядом, прежде чем Он предложил танцевать на воде. Я продолжала неотрывно смотреть на Него. Ничто не могло заменить восхищение и радость в моем сердце от того, что я находилась с Ним. В тот момент все остальное померкло в свете Его славы и лица.

Как и это видение, жизнь становится намного интереснее, когда мы выходим из лодки, делая все возможное, чтобы быть ближе к Иисусу. Конечно, мы можем оставаться в безопасности внутри лодки, жить заурядной, обычной жизнью и все равно попасть на небеса. Но я часто размышляю над тем, что ожидает нас, если мы покинем зону комфорта и отправимся в бушующие воды, потому что там Иисус. Насколько большей будет наша судьба, если мы увидим Иисуса посреди бури и сделаем шаг веры навстречу, чтобы ухватиться за Него?

Иисус умер, чтобы мы могли жить с избытком здесь и сейчас (см.: Иоанна 10:10). Он умер не для того, чтобы мы жили скучной, безопасной и неинтересной жизнью; также Он умер не для того, чтобы просто дать нам билет на небеса. Он жил и умер, чтобы мы могли шагнуть в полноту своей судьбы и прожить жизнь, полную приключений, принося Царство Божье, куда бы мы ни шли. Эта жизнь с избытком наполнена исцелением больных, изгнанием бесов и воскрешением мертвых (см.: Матфея 10:8). Она также наполнена и многим другим, в том числе еще большим единением с Ним и исполнением желаний наших сердец.

На протяжении многих лет у меня была возможность сделать шаг веры в сторону многого невозможного — иногда это были успешные шаги, иногда не очень. В процессе я научилась еще больше держаться за Иисуса и подниматься, когда падаю. Я поняла, что никогда не потерплю неудачу, потому что Бог обещает, что нам все содействует ко благу (см.: Римлянам 8:28). Я испытала на себе, что значит быть оставленной. Я ставила себя в ситуации, когда самые сокровенные части моего сердца были обнажены перед людьми. Я чувствовала себя настолько уязвимой, что мне хотелось одного — убежать и спрятаться. Я испытала, каково это — быть в отчаянии и не иметь абсолютно никаких других вариантов избавления, кроме Бога. Посреди некоторых из этих экстремальных актов покорности Богу, доверия и веры я видела, как Он вступался и делал то, о чем я даже не могла мечтать.

Начнем наше путешествие

Во время нашего совместного путешествия по книге «Ходить по воде» вы поймете, что любовь к Иисусу является ключом к смелой вере, позволяющей шагнуть в сферу невозможного. Прежде всего мы рассмотрим историю Петра, который вышел из лодки, чтобы приблизиться к Иисусу. Вы увидите эту историю в новом свете и больше никогда не будете смотреть на нее по-старому. Я поделюсь с вами собственными историями и тем, чему я научилась на этом пути. В последующих главах этой книги мы также рассмотрим, как практически применять изученное в вашей собственной жизни. Вам будут предложены активации и задания, которые, я верю, помогут вам жить более свободной, бесстрашной, страстной, мужественной и сильной жизнью любви к Иисусу. Не торопитесь прочитать эту книгу за один присест. Вы получите больше пользы, если уделите время выполнению активации, а также проработке более глубоких вопросов сердца, которые будут возникать по мере чтения.

Сейчас я приглашаю вас присоединиться ко мне в этом путешествии к еще более близким отношениям с Иисусом, в которых мы отдаем себя без остатка. Оставьте весь тяжелый багаж дома, потому что вы отправляетесь в путешествие всей вашей жизни. Я верю, что вы измените́сь, когда примете это послание всем сердцем. Не бойтесь — Он даст вам силы и мужество выйти из лодки и найти Его. Иисус сейчас здесь. Он ждет вас с распростертыми объятиями. Он зовет вас сегодня встретиться с Ним на водах.

Я молюсь о том, чтобы, когда вы полностью предоставите себя Святому Духу, ваша нынешняя реальность пошатнулась и вы были сокрушены Божьей великой любовью. Когда ваш взгляд будет сосредоточен на Иисусе и вы будете приближаться к Нему, пусть к вам придет смелость и мужество идти дальше, от славы в славу, к вашей Богом данной судьбе. Когда вы будете побеждены и обезоружены Его неизменной любовью, я молюсь о том, чтобы вы влюбились в Иисуса сильнее, чем когда-либо прежде, и чтобы ваше мужество не знало границ.

1
Тайное место

Я люблю тихие и укромные места, где могу уединиться от всего, что меня отвлекает, и все свое внимание сосредоточить на Боге. Это стало образом моей жизни несколько лет назад. В начале 2012 года я переехала в дом, который впоследствии стал называться «Дом предназначения». С тех пор в этом доме зародилось служение, состоящее из группы поклонников, которые намеренно посвящают свои жизни тому, чтобы вместе направлять людей в их предназначение — из места Божьего присутствия. Вскоре после переезда туда я поняла, что нахожусь посреди бури. Я только что получила докторскую степень и была рукоположена на служение женщиной, которую считаю героем, — Хайди Бейкер, но при этом у меня не было ни работы, ни машины, ни денег; казалось, что с моим переездом в Реддинг, штат Калифорния, все складывалось не в мою пользу. Это был первый раз в моей жизни, когда мне пришлось жить с кредитной карты, а я это просто ненавижу. Двери, в которые я стучалась в поисках работы, захлопывались у меня перед носом. Я вообще не представляла, что делать и куда идти. Все, что я знала, — это то, что должна быть ближе к Иисусу.

В этот период я ходила на близлежащее озеро, где обнаружила укромное место, в котором каждую неделю проводила время наедине с Иисусом. Все, чего я хотела в те минуты уединения, это просто быть с Ним. У меня не было ответов, и я даже не знала, о чем молиться. Я отправлялась на озеро, не планируя, в котором часу вернусь. Я оставалась с Ним до тех пор, пока чувствовала, что мне пора уходить. Иногда я плавала, лежала на берегу, слушала или просто была там. В другое время я молилась, вела дневник, поклонялась или читала Библию. Каждый раз время проходило по-разному. Иногда я слышала, как Он говорил со мной, а иногда мне казалось, что Он молчал. Буря недостатка финансов и разочарования, с которой я столкнулась, приводила меня туда неделю за неделей.

Если Иисус — это действительно путь, истина и жизнь (см.: Иоанна 14:6), то я верила, что Он был моим путем, моим направлением и пунктом назначения в буре, моим единственным ответом. Кроме Него, у меня не было никаких других вариантов. Еще до того, как пришли ответы, время, что я провела с Ним в буре, принесло мне мир, близость и осознание того, что Он — мой якорь, мое основание.

Отчаяние того периода жизни заставило меня сделать смелый и рискованный шаг к тому, что последовало за этим. Позже тем летом Бог особенным образом подарил мне работу, для которой я была предназначена. Это был реальный прорыв. В конце концов, я снова встала на ноги. Бог использовал эту бурю, чтобы пробудить во мне духовный голод, жажду быть с Ним и помочь мне развить привычку, которая продолжается и до сего дня.

С тех пор как в 2012 году я пережила этот тяжелый период, я каждую неделю провожу время на озере, не ставя перед собой никакой другой задачи, кроме как просто побыть с Иисусом.

Я радуюсь каждый раз, когда еду в свое тайное уединение на берегу озера, потому что знаю, что Иисус уже там, Он ждет меня, чтобы провести вместе время и пообщаться. Он с нетерпением ждет, когда я останусь с Ним наедине, не отвлекаясь ни на что другое. Это стало замечательным обычаем в моей жизни.

Изначально меня влекла к озеру отчаянная нужда получить ответ и найти выход из создавшейся ситуации; сегодня мною тоже движет отчаянная нужда, только иного рода. Теперь я приезжаю на озеро каждую неделю, потому что жажду встретить больше Его любви и стать ближе к Нему. Обстоятельства уже не имеют значения. И в хорошие, и в трудные времена мне нужно больше Иисуса.

Новая песня надежды

В тот же период бури, когда для меня были закрыты все двери, нам в «Дом предназначения» подарили пианино. В подростковом возрасте я училась играть на гитаре, хотя всегда обожала пианино. Так как все, что я могла делать во время бури, это прославлять Иисуса, я научилась играть и на пианино.

Именно в этот период я написала свою первую песню прославления. Я открыла Библию на Псалме 70, положила ее на пианино и пела стихи из Писания. Эта песня была моим провозглашением того, что я всегда буду возлагать надежду на Бога, даже посреди бури. Я знала, что мне нужно прославлять Его, какими бы ни были обстоятельства в жизни. Я знала, что должна провозглашать надежду в мою ситуацию, даже если и не чувствовала этого в тот момент. Я знала, что не могу позволить обстоятельствам, бушевавшим вокруг меня, украсть мою уверенность в Боге. Благодаря тому, что в это время я держалась за Него, во мне пробудились новая сила и мужество.

Мой взгляд на все происходящее опирался на истину, что Бог благ, несмотря ни на что.

Следующие слова были песней моего сердца и провозглашением надежды в тот сезон:

> А я всегда буду надеяться.
> И буду славить Тебя еще больше,
> Пока не приду и не возвещу о Твоих делах.
> Я всегда буду надеяться на Тебя.
> С юности моей Ты учил меня Своим путям.
> Не оставляй меня, Господи, пока я не приду
>   и не возвещу о делах Твоих.
> Я всегда буду надеяться на Тебя.

Благодаря тому, что я прошла этот трудный период, в моей духовной ДНК прочно укоренилось несколько важных «нуклеотидов». Я поняла, насколько важно выделять определенное время для того, чтобы общаться с Богом, не преследуя никаких других целей, а также приняла осознанное решение поклоняться Ему, какие бы бури ни надвигались (как в 2 Паралипоменон 20). Он всегда верен, и Он никогда не меняется, несмотря на мои обстоятельства. Я усвоила, что поклонение — это мощное оружие для Царства Божьего, которое успокаивает бурю внутри меня, даже если снаружи бушует шторм. Я осознала глубокую истину о том, что Иисус всегда со мной, как в хорошие, так и в плохие времена.

Молитвенная комната

Несколько лет спустя, летом 2015 года, я почувствовала, как Господь призывал меня быть с Ним больше, чем обычно. На протяжении многих лет у меня были подобные периоды, когда я чувствовала влечение проводить время наедине с

Возлюбленным моей души чаще, чем обычно. В такие периоды Иисус приглашал меня на более глубокий уровень близости с Ним в тайной комнате. На все это требовалось время.

В тот период я жила у своих друзей Тима и Николь, и я откликнулась на Его приглашение тем, что выделила одну из своих кладовок исключительно для встречи с Богом. Моя молитвенная комнатка была маленькой, но могущественной, наполненной славой! Это было место, в котором я могла играть на гитаре и прославлять Бога так громко, как мне хотелось, потому что никто в доме на самом деле не слышал меня. Это было место, где я могла забыть обо всех обстоятельствах и искать «одного» (см.: Псалом 26). Это было место, отведенное только для Него.

Тем летом я чувствовала побуждение посвящать Ему каждое утро в моей молитвенной «комнате». Я играла на гитаре и напевала Ему мелодии. Это было особенное и священное время. Я не делала этого для того, чтобы подготовиться к свершению невозможного. Я не проводила время с Ним для того, чтобы увидеть прорыв и творить великие чудеса. Я выделила то время и место просто для того, чтобы общаться с живым Богом.

Выработка привычки

Один из лучших способов возрастать в любви к Богу — это выделять время для регулярного общения с Ним в тайном месте. Иисус сделал это Своим стилем жизни. Он выработал привычку уединяться и быть с Отцом как во времена радости, так и во времена боли.

Незадолго до истории хождения Петра по воде Иисус узнает, что Его друг Иоанн Креститель убит. Как Иисус реагирует на эту новость? Он уплывает в безлюдное место, чтобы побыть наедине со Своим Отцом и пережить горе. Однако когда Он причалил к другому берегу озера, Его уже поджидала толпа людей. Иисус сжалился над ними и исцелил больных, которые были среди них, а также умножил хлеб и рыбу, чтобы накормить более пяти тысяч человек (см.: Матфея 14:1-21). После этого народ был готов силой сделать Его царем (см.: Иоанна 6:14-15). Сразу после этого...

> ...Иисус велел ученикам сесть в лодку и переправиться на другую сторону озера, а Сам Он оставался, пока не отпустил народ. А когда народ разошелся, Иисус поднялся на гору один помолиться. Наступил вечер, и Иисус оставался на горе.
>
> Матфея 14:22-23

Итак, Иисус только что совершил чудо и провел день в мощном служении исцеления, но даже Ему нужно было удалиться от всех, чтобы побыть наедине со Своим Отцом. Независимо от того, радовался ли Он чудесам или продолжал скорбеть, Иисус всегда находил покров и жизнь в общении со Своим Отцом.

Развить привычку проводить время в тайном месте, было важной частью жизни Иисуса. Он часто удалялся в укромные, уединенные места, чтобы помолиться (см.: Луки 5:16). Для этого Он вставал рано утром, еще затемно (см.: Марка 1:35). У Иисуса также были постоянные места, куда Он регулярно ходил молиться, например на Оливковую гору (см.: Луки 22:39). Он понимал, что тайные места могут быть как в уединении, так и дома (см.: Матфея 6:6). На протяжении всей жизни Иисус снова и снова уделял особое внимание и время тому, чтобы просто побыть со Своим Отцом, и призывал других следовать Его примеру.

Всякий раз, когда Иисус выходил из уединения, Он обычно делал что-то важное и значительное. После сорокадневного поста в пустыне Он начал Свое служение (см.: Марка 1:9-20).

Проведя всю ночь в молитве на склоне горы, Он избрал Своих учеников (см.: Луки 6:12-13). После того как Иисус провел время наедине с Отцом, Он вернулся и чудесным образом накормил пять тысяч человек. Проведя время с Отцом, Он пошел по воде и усмирил бурю (см.: Матфея 14:13-33). Список можно продолжать до бесконечности. Великие дела обычно следовали за тем временем, которое Иисус отводил для того, чтобы побыть с Отцом.

Если Иисусу для жизни было необходимо время вдали от всех и если Он находил тайные места, чтобы общаться со Своим Отцом, то это нужно и нам. Если мы хотим расти в своих отношениях с Богом, нам нужно вкладывать время в общение с Ним. Крепкие отношения нужно создавать, они не возникают сами по себе. Близкие отношения с Иисусом требуют времени. Это будет нам чего-то стоить. Конечно, мы можем проигнорировать и поспать подольше, вместо того чтобы проснуться и пообщаться с Ним. Люди захотят встретиться с нами именно в это время, посвященное Господу. У нас может возникнуть список дел, кричащий нам, что пора приступать к работе. Но отношения с Иисусом стоят того, чтобы за них бороться. Время с Ним — это одна из самых ценных инвестиций в этой жизни.

Да, наша конечная цель — стать местом обитания, где каждый из нас может жить в Его присутствии каждую секунду, где бы мы ни находились, однако есть нечто важное в том, чтобы выделять время и место, чтобы углубиться в общение Тем, Кого мы любим (см.: Псалом 83). Единство с Богом означает быть полностью доступным для Него. Есть что-то особенное в тишине и уединении, что помогает нам лучше сосредоточиться на Нем. Когда мы оставляем все и нас ничто не отвлекает, мы уделяем Богу все свое внимание и слышим Его голос более отчетливо. И в хорошие, и в плохие времена Иисус с распростертыми объятиями ждет, когда мы прибежим в тайную комнату, чтобы побыть с Ним.

АКТИВАЦИЯ:
Создавайте свое собственное тайное место

1. Уделите несколько минут и попросите Святого Духа открыть вам особенное место вдали от всего, что вас отвлекает, чтобы проводить там с Ним время. Запишите, что Он показал вам:

2. Теперь попросите Его показать вам определенное время каждую неделю, которое вы можете выделить для Бога, не имея никаких других планов, кроме как просто быть с Ним. Запишите это время:

3. Я вдохновляю вас регулярно уединяться в том месте и в то время, которые Он только что открыл вам. Позвольте Ему вести вас. Попросите у Него жажду, желать Бога еще больше. Пусть у вас не будет никакой другой цели для этого времени; просто проводите время с Ним. Вы даже можете написать в своем дневнике: «Бог, что Ты хочешь сказать мне сегодня?» Затем слушайте и записывайте то, что Он вам покажет.

Божье сердце радуется, когда мы отделяем время просто для общения с Ним. Бог отвечает на нашу жажду, Он всегда приходит и наполняет нас Своим присутствием, в котором все, что мы можем делать, это предоставлять себя Ему. Находите время, чтобы быть открытыми перед Ним и возрастать в близости с Богом, — это одна из самых лучших инвестиций, которые мы можем сделать. Развитие близких отношений с Ним — это важная основа для того, чтобы сделать шаг к невозможному и двигаться в Нем.

Смело пригласите Его в те уголки вашего сердца, которые до сих пор были закрыты для Его любви. Он хочет стать ближе. Он благой, Он надежный, и Он нежно поведет вас к тихим водам, когда вы прильнете к Нему и позволите Ему любить вас.

Мы снимали мой проморолик для книги «Ходить по воде» в том самом месте на озере, куда я приходила, чтобы побыть наедине с Богом. Вы можете посмотреть его на сайте JenMiskov.com/walkingonwater

2
Восстановление надежды

В то время, когда Иисус по Своему обыкновению проводил время наедине с Отцом, Его ученики были в лодке одни посреди озера, борясь за свои жизни.

Сразу после этого Иисус велел ученикам сесть в лодку и переправиться на другую сторону озера, а Сам Он оставался, пока не отпустил народ. А когда народ разошелся, Иисус поднялся на гору один помолиться. Наступил вечер, и Иисус оставался на горе. Тем временем лодка была уже далеко от берега. Ее били волны, так как дул встречный ветер.

Матфея 14:22-24

Приходилось ли вам когда-нибудь оказываться в одиночестве посреди бурных и опасных вод, просто потому что вы последовали голосу Иисуса? Неужели Иисус может повести нас в бури? И если да, то почему Он это делает? Похоже, что в начале истории хождения по воде в Евангелии от Матфея 14 Иисус поступил именно так. Он настоял на том, чтобы Его ученики отплыли на другой берег озера, пока Он удалится, чтобы побыть с Отцом. Ученики были послушны голосу Иисуса и отправились в нужном направлении, а вскоре на озере поднялась буря.

Если бы мне нужно было ответить на вопрос: *Неужели Иисус может повести нас в бури?* — я была бы вынуждена признать, что иногда ответом будет «да». Иногда Он ведет нас в опасные воды, но это всегда потому, что Он хочет, чтобы мы прошли через шторм и вышли на другой берег. Этот процесс может быть страшным, болезненным, очищающим и определяющим для жизни. Обычно по ту сторону бури нас ожидает что-то прекрасное. Перед тем как Иисус начал Свое служение, Дух повел Его в пустыню, где Его искушал сатана (см.: Марка 1:12). Это было очень трудное и сложное время. И только после этого Иисус в силе Духа вошел в Свое служение.

Если вы согласны с тем, что Иисус может иногда вести нас в штормы, то возникает другой вопрос: почему или зачем? Я не говорю, что Иисус Сам посылает нам проблемы или хочет, чтобы штормы приходили в нашу жизнь. В Римлянам 8:28 говорится, что, *когда* происходит что-то плохое, Он все обращает во благо для тех, кто любит Его и кого Он призвал по Своему замыслу. То, что Он обращает плохие обстоятельства во благо, не делает их менее плохими. Бури остаются трудными, суровыми и болезненными. Они неудобны и опасны. Они лишают нас всякой зависимости от самих себя; они заставляют нас пересмотреть наши ценности и укреплять наше основание. Когда мы знаем, что именно Иисус ведет нас через бурю, то можем доверять, что Он исполнит Свою цель в этом процессе.

Действительно ли я слышала голос Божий?

Если вы оказались в буре, это вовсе не значит, что вы не услышали Божьего голоса. Иногда, повинуясь водительству

Святого Духа, мы сталкиваемся с бурями, которые мешают нам идти туда, куда, как нам кажется, призывает нас Бог. В такие моменты легко усомниться в том, что мы вообще изначально слышали Бога.

Бывало ли у вас такое, что вы по вере следовали за Богом, но на пути встречали сопротивление? Или в трудные времена вы искали Иисуса, но не могли услышать Его и найти Его? У вас возникает множество вопросов: «*Где Иисус? Где Его присутствие? Я думал, что Он призвал меня сюда. Почему мне кажется, что Он покинул меня? Может, я не расслышал Его? Возможно, Он изначально не призывал меня сюда? Я думал, что это будет гладкое плавание, но волны посреди ночи причиняют боль, и мне это совсем не нравится*».

Я бывала в таких ситуациях не один раз. Много раз я чувствовала водительство Святого Духа и побуждение двигаться в определенном направлении, а затем я оказывалась в буре, в тупике или с разбитым сердцем. В такие времена я чувствовала разочарование и сомневалась в том, что я действительно слышала Бога. Сразу у меня было много вопросов и сомнений, но затем я осознала, что иногда Иисус в самом деле ведет нас в бурю, в сложные ситуации и к закрытым дверям (см.: Матфея 14; Исаия 43:2; Деяния 16:6-10). Обычно это происходит потому, что на другой стороне нас ждет нечто великое, но, чтобы достичь этого, требуется упорство. Другими словами, если я оказалась в буре, это еще не значит, что я не слышала Божьего голоса. Благодаря этому откровению я начала больше доверять Ему и себе.

Разочарование

В 2014 году мое внимание привлек дом, расположенный на соседней улице с нашим «Домом предназначения». Я считала, что он будет идеальным местом отдыха и ночлега для приезжих служителей, которые могли бы пешком ходить на наши собрания в «Дом предназначения». Единственная проблема состояла в том, что дом не сдавали в аренду, его выставили на продажу. Я не думала о покупке дома, и у меня не было на это денег, но меня все равно тянуло к этому дому. Знаю, что Господь — Бог невозможного, поэтому я сделала шаг веры и пошла на встречу с кредитором, который мог бы дать нам заем.

Итак, я начала продвигать этот проект. В мой день рождения, 18 февраля 2014 года, я была в библиотеке и работала над своими статьями, одновременно чувствуя побуждение Святого Духа продолжать делать шаги к покупке дома. Я не могла сосредоточиться ни на чем другом, пока не последовала тому, что считала Его водительством.

Шли дни, дата сделки с покупкой дома приближалась, однако во время официальной инспекции дома я начала сомневаться. Я пригласила еще несколько человек, чтобы осмотреть дом и посоветоваться с ними, стоит ли мне его брать или нет. Внезапно мое состояние начало меняться. Радость и предвкушение уступили место беспокойству по поводу того, что кое-что в конструкции дома было не в порядке. Это побудило некоторых моих друзей предостеречь меня от покупки. Несмотря на все эти тревожные сигналы, я все равно старалась приобрести дом. Однако в тот момент, когда пыталась двигаться вперед, я чувствовала разлад в своем духе и лишалась покоя. Я все-таки настаивала на покупке дома, потому что мне казалось, что Господь ведет меня к этому. В конце концов, после долгой борьбы я отказалась от покупки и потеряла деньги на осмотре дома. Дом не продали, в нем стали жить другие люди, а я осталась жить там, где и жила до этого. В итоге я чувствовала себя растерянной и разочарованной всем происшедшим.

Хотел ли Господь, чтобы я купила дом, или это я сама *гналась* за тем, чтобы купить его? Может, время было неподходящим? У меня было много вопросов. Я много размышляла, прежде чем почувствовала, что Господь ответил «нет». Сейчас я не жалею об этом, потому что была послушна Его водительству, даже если результат отличался от того, что я себе представляла. В процессе я узнала много нового о том, что нужно делать при покупке дома. Я благодарна Богу за то, что в нужное время Он выровнял ситуацию.

Иногда отказом Бог просто перенаправляет нас к чему-то лучшему. В других случаях Бог отказом откладывает то, что должно произойти, на другое время. А иногда Бог таким образом защищает нас. Откровение того, что могут быть моменты, когда Бог действительно ведет нас в бурю или к закрытым дверям, может восстановить наше доверие к Нему и веру в себя. Враг хочет использовать бурю, чтобы разрушить наши жизни, Бог может перевернуть все во благо и укрепить нас.

Читая эти строки, вы, возможно, находитесь в разочаровании, потому что оказались в центре бури, хотя и делали все то, о чем просил вас Иисус. Возможно, вы сделали шаг веры и в результате страдаете от долгов, смены работы, потери своей репутации, вас покинули близкие люди или что-то еще. Вам кажется, что во всем этом нет никакого смысла. Если вы попали в очаг бури и задаетесь вопросом, как вы вообще там оказались, когда все, что вы делали, — это пытались следовать водительству Святого Духа, не теряйте надежды и не осуждайте себя. Страдания в самый разгар жизненных бурь не обязательно означают, что вы совершили ошибку, не услышали Бога, были непослушны или пошли не тем путем. Ученики попали в бурю именно потому, что были послушны Иисусу.

Я хочу, чтобы вы знали, что вы по-прежнему находитесь в центре Его воли для вашей жизни. Не сдавайтесь, не сомневайтесь и не опускайте рук. Перестаньте задаваться вопросом, почему или как это произошло. Бури есть бури, и иногда они приходят из ниоткуда. Иисус не удивился, когда Его ученики столкнулись с бушующими волнами.

Избавление

Вы могли оказаться в буре, пытаясь следовать руководству Святого Духа или из-за собственных или чужих ошибок, помните, что всегда есть надежда на избавление, если вы призовете на помощь Бога. Псалом 106 говорит о разных людях, попавших в жизненные «бури» и отчаянно нуждавшихся в спасении. Некоторые из них оказались в сложной ситуации в результате непослушания; с другими произошли несчастья; а есть и те, которые следовали за своим предназначением и попали в одну из бурь. Но их всех объединяет то, что «воззвали они к Господу в своем несчастье, и Он освободил их от бедствий». Он помог им, независимо от того, что изначально привело их в такое состояние — была ли в этом их вина или нет.

Если мы начинаем спрашивать «почему?», находясь в центре бури, это приводит к еще большим страданиям и потрясениям. Как сказано в Псалме 106, не имеет значения, почему или как человек оказался в ужасной ситуации; главное, что нужно сделать, — это обратиться к Богу с просьбой об избавлении. Он никогда не подведет вас.

Переправиться на другую сторону

Именно Иисус сказал ученикам войти в лодку и переправиться на другой берег. Если Иисус говорит вам переплыть на другую сторону озера, неважно, какие опасности или сопротивление встретятся вам на пути, Он будет верен Своему слову и приведет вас туда в целости и сохранности. Есть что-то могущественное в том, чтобы доверять Богу и верить в то, что Его слова исполнятся в нашей жизни, даже если мы пока еще не видим этого. Филиппийцам 1:6 говорит, что Бог, Который начал в вас доброе дело, доведет его до конца. Если Бог вложил в ваше сердце мечту или видение, Он даст вам благодать осуществить ее в свое время. Очень часто сопротивление, с которым мы встречаемся в бурях на пути к предназначению, используется для того, чтобы очистить, приготовить, снарядить, дать нам новую власть и укрепить нас для того, чтобы мы могли управлять тем, что ожидает нас на другой стороне.

Возможно, много лет назад вы получили пророческое слово или у вас есть мечта от Бога, которая до сих пор не сбылась. Иногда для того, чтобы войти в предназначение, которое дает нам Бог, требуется больше времени, потому что мечта намного больше, чем мы можем себе это представить. Хайди Бейкер еще подростком была призвана в Африку. Она никогда не отказывалась от Божьего призыва, но прошло двадцать лет, прежде чем она ступила на землю Мозамбика. До сегодняшнего дня ее «да» влияет на всю страну. На нашем пути могут возникать бури, сопротивление, проблемы, но, если Он сказал «*Иди*», Он позаботится о том, чтобы мы прибыли в нужное место вовремя и в полной сохранности.

АКТИВАЦИЯ:
Восстановление надежды

1. Если вы прямо сейчас проходите бурю, я призываю вас помолиться этой молитвой вслух:

Боже, я благодарю Тебя за то, что, когда я взываю к Тебе, Ты готов избавить меня. Не знаю, как я оказался в этой буре, но прошу — яви мне Свою верность и войди в мою нынешнюю ситуацию. Господь, приди и успокой бурные волны вокруг меня. Мои руки устали, и я измучился, пытаясь удержаться на плаву. Войди в каждую сферу моей жизни Своим миром, силой и покоем. Я подчиняюсь Тебе. Даже посреди этих болезненных обстоятельств я выбираю возлагать надежду на Тебя, доверять Твоим обетованиям, зная, что Ты близко. В каждой буре Ты — мой надежный якорь. Спасибо за то, что даже в центре бури Ты хочешь дать мне что-то прекрасное. Открой мои глаза, чтобы увидеть драгоценное. Дай мне смелости шагнуть в прорыв, который Ты приготовил для меня. Господь, Ты придешь и обратишь во благо то, что враг замышлял использовать, чтобы украсть, убить и погубить! Используй эту ситуацию, чтобы сделать меня сильным, очищенным, как золото, более помазанным, чтобы сокрушать твердыни. Помоги мне изменить взгляд на происходящее и всегда смотреть на Тебя. Пусть бесстрашная хвала и поклонение поднимаются во мне как никогда прежде. Ты всегда верен и достоин всей моей хвалы. Спасибо за то, что Ты со мной и Ты всегда верен.

2. **Если вы чувствуете, что разочарование от бурь прошлого продолжает сдерживать вас, помолитесь этой молитвой вслух:**

Господь, я отдаю Тебе [назовите ситуацию или человека]. Я чувствую, что Ты не пришел в ту бурю и оставил меня в подвешенном состоянии. Я потерял надежду и веру в себя. Господи, прости за то, что я сомневался в Тебе и в себе, потому что не понимал, что происходит. Прости меня за то, что посреди бури я не верил, что Ты благой и хочешь для меня лучшего. Хотя я не понимал, что происходит, и чувствовал, что Ты далеко от меня, прошу Тебя, приди и покажи мне сейчас, где Ты был в той буре.

Теперь подождите, пока Бог покажет вам, где Он был во время той бури. Спросите Его, возможно, Он хочет дать вам что-то новое взамен разочарования, недоверия, боли и безнадежности. Запишите в дневнике свою реакцию на то, что вы чувствуете и что для вас значит снова идти на риск. Подумайте о том, чтобы встретиться с другом и помолиться вместе об этом.

Благословляю вас надеждой, которая побеждает, упованием, и миром, который превосходит всякое разумение. Бог благ и помогает вам даже тогда, когда все происходящее вокруг кажется бессмысленным. Вы на самом деле слышите Господа. Не сомневайтесь в себе только потому, что результат послушания, быть может, выглядит иначе, чем вы себе представляли. Бог с вами, и Он гордится тем, что вы следуете Его водительству. Пусть в вас проснется надежда. Пусть в вас пробудится мужество, чтобы принять благость Отца в новой и большей мере. Бог видит вас, Он избрал вас, Он сражается за вас, понимает и покрывает любовью Отца. Я благословляю вас исцелением, благодатью и новой надеждой во имя Иисуса.

3
Покой во время бури

Вы можете видеть, то каждая буря — это шанс для Бога совершить что-то невозможное. Бури «беременны» предстоящими прорывами. Где-то там, в бушующих водах моря, Иисус ждет, когда мы придем к Нему и пойдем по воде. Где-то в глубине неопределенности стоит Иисус, путь, истина и жизнь (см.: Иоанна 14:6). Он — путь через бури, с которыми мы сталкиваемся. Он Всемогущий. Он является нашим ответом во все времена.

Если мы сможем разглядеть Иисуса среди бури и будем продолжать смотреть только на Него, наши сердца наполнит мир, и в нас появится мужество сделать шаг навстречу невозможному.

Сопротивление

Когда ученики послушались голоса Иисуса и были уже на полпути, они столкнулись с сопротивлением[1]. Им было

---

[1] В соответствии с Иоанна 6:19, они уже проплыли около пяти с половиной километров, когда Иисус приблизился к ним. К тому времени они буквально находились посередине моря, борясь в одиночестве.

трудно продвигаться вперед, потому что им противостояли ветер и волны: «А когда народ разошелся, Иисус поднялся на гору один помолиться. Наступил вечер, и Иисус оставался на горе. Тем временем лодка была уже далеко от берега. Ее били волны, так как дул встречный ветер» (Матфея 14:23-24)[2]. Слово «били» — это греческое слово *basanizo*, что означает «мучить, терзать, изводить»[3]. «Били» — это тот момент, когда вы полностью полагаетесь на Бога и делаете шаг веры, а потом обнаруживаете, что вынуждены бороться за свою жизнь. Это когда вы рискуете всем и становитесь уязвимыми, чтобы послушаться Его голоса, но вас изводят ложью и обвинениями, что вы этого не стоите, или считаете, что у вас ничего не получится. В этот момент вы начинаете сомневаться во всем: «*А действительно ли я слышу Господа? Действительно ли Иисус послал меня в этом направлении? Может, я все это придумал сам? Неужели то, что находится по ту сторону бури, действительно стоит всех этих проблем? Это путешествие слишком тяжелое; могу ли я просто сдаться?*»

Когда мы встречаем сопротивление, как правило, это происходит из-за того, что Господь формирует что-то глубоко внутри нас и собирается расширить нашу территорию. Английское слово *resistance* (сопротивление. — *Прим. переводчика*) происходит от латинского слова *resistere*, что означает «противостоять, выступать против»[4]. *Сопротивление* может также означать скрытое противодействие оккупационной власти.

---

[2] Слово, переведенное как «встречный», это греческое слово *энантиос*, составленное из *эн* + *антиос*. *Антиос* означает «настроенный против», а предлог *эн* («в») подчеркивает и усиливает значение слова.

[3] *New Testament Lexicon*, trans. and rev. Joseph H. Thayer (New York: Harper & Brothers, 1889), s.v. "basanizo," http://biblehub.com/greek/928.htm.

[4] Английское слово *resistance* («сопротивление») происходит от латинского слова *resistere*, состоящего из *re-* («против») и *sistere* («занять позицию, устоять»; аналогично слову *assist*).

Я замечала в своей жизни, что когда на меня обрушиваются ложь и обвинения, когда меня изводят враги и бьют ветры и бури жизни, это происходит потому, что я двигаюсь вперед и завоевываю новые территории для Иисуса. Когда я останавливаюсь и спрашиваю Господа, что происходит на самом деле, обычно я обнаруживаю, что это атака врага на мою жизнь, потому что я расширяю Царство Божие и занимаю все большую территорию для Него.

Испуг

В разгар сопротивления и бури ученики столкнулись с еще одной причиной для страха: «В четвертую ночную стражу, перед рассветом, Иисус пошел к ученикам, ступая по озеру. Но ученики, увидев Его идущим по воде, очень испугались. — Это призрак! — закричали они от страха» (Матфея 14:25-26).

Ученики, и без того были в тревоге, носимые волнами, а когда увидели то, что им показалось призраком, испугались. Слово «испугались» — это греческое слово *tarasso*, которое означает «сотрясать, трясти, приводить в движение то, что должно оставаться неподвижным»[5]. Интересно, что буря, свирепствовавшая вне, проникла внутрь сердца и вызвала эмоциональную бурю, ревущую подобным волнам страхом. В глубине их духа еще не было якоря, чтобы сохранять спокойствие и мир в разуме. Они забыли о том, что Иисус уже усмирял шторм (см.: Матфея 8:23-27). Они позволили внешней буре нарушить их внутренний покой.

---

[5] Проект «Параллельная онлайн-Библия», слово «тарассо» (*tarassó*) (Online Parallel Bible Project, "5015. tarassó," Bible Hub, доступно на 10 марта 2017 года, http://biblehub.com/greek/5015.htm). Слово «тарассо» также может означать «быть слишком взволнованным внутри, лишать спокойствия ума и вызывать беспокойство».

Вне контекста

Ученики, которые день за днем проживали жизнь рядом с Иисусом, не узнали Его в бушующем море, потому что Он появился не как обычно, а из ниоткуда. Иисус стоял прямо перед ними, но они позволили внешним обстоятельствам затуманить их видение. У них должна была зародиться надежда, ведь Иисус появился в той трудной ситуации, однако вместо этого в их сердца закрался страх. Обстоятельства настолько исказили их способность видеть, что, взглянув на лицо Иисуса, они приняли Его за призрака.

Когда ученики не смогли узнать Учителя, хотя Он стоял прямо перед ними, Иисус заговорил, в надежде, что они узнают Его голос, «Но Иисус сразу же заговорил с ними: — Успокойтесь, это Я, не бойтесь» (Матфея 14:27). Иисус *сразу же* откликнулся на их испуг. В Его голосе прозвучала истина, открывшая им глаза. Он пришел с ободрением, чтобы успокоить их сердца.

Иногда бывает легко не заметить Иисуса или даже принять Его за призрак, находясь в шторме. Наше зрение затуманивается, когда все идет против нас. В те моменты, когда нам трудно Его увидеть, очень полезно открывать уши, чтобы слушать. Бывают времена, когда мы не сможем видеть, что Он делает, но мы сможем услышать Его. В периоды страха или растерянности, чувствуя себя одинокими в темноте, мы, если прислушаемся, можем услышать, как Он говорит: «*Это Я — не бойся*». Слово, услышанное от Господа, может открыть наши глаза и снова дать нам мир, уверенность и отвагу.

Бывает и так, что мы отчаянно ищем слово от Бога, но кажется, что Он скрывается *и* молчит. В такие моменты мы все еще можем надеяться. Когда мы не видим или не слышим Его во время бури, то можем вспоминать, Кем Он является и что Он уже сделал для нас в прошлом. Мы можем побуждать наши сердца доверять Его верности, вспоминая Его милости в нашей жизни. Ученики видели, как Иисус до этого усмирил бурю. Напоминание о том, что Он уже сделал в прошлом, могло бы стать для них подкреплением в их нынешней реальности.

Надежда, ставшая катализатором Великого пробуждения

Джон Уэсли, впоследствии ставший основателем методистского движения, пережил новый уровень веры в самый разгар бури. В октябре 1735 года он вместе со своим братом Чарльзом и несколькими друзьями покинул Англию и отправился в Америку, чтобы нести Евангелие местному населению. Пока они плыли в Америку, куда, по их мнению, призвал их Бог, они попали в ужасный шторм.

Джон и его друзья опасались за свои жизни. Из-за их понимания спасения в то время, они не были уверены, что попадут на небеса, если умрут. Итак, они, британские миссионеры, сидели, парализованные страхом, а немецкие моравские братья в то же самое время пели хвалу и даже проводили богослужения посреди шторма. Это привлекло внимание Джона. В воскресенье, 25 февраля 1736 года Джон написал в дневнике свои наблюдения:

> В полдень разыгралась третья буря. В четыре она стала еще более свирепой. В семь я пошел к немцам. Я уже давно заметил серьезность их поведения. Они постоянно подтверждали свое смирение... В середине псалма, с которого начиналось их служение, море разорвало грот на куски, волны захлестнули корабль и разлились по палубам, как будто бездонная глубина уже поглотила нас. Англичане стали испуганно кричать. Немцы спокойно пели дальше. Я спросил одного из них: «Вам разве не страшно?» Он ответил: «Слава Богу, нет». Я спросил: «Но

разве ваши женщины и дети не боятся?» Он мягко ответил: «Нет; наши женщины и дети не боятся умереть»[6].

Джон был поражен их непоколебимой верой посреди шторма. Даже в ужасных условиях они не сводили взгляд с Иисуса. Бог оставался их якорем. В конце концов, они смогли благополучно пережить бурю, но этот шторм произвел неизгладимое впечатление на Джона. Он продолжил поддерживать дружбу с моравскими братьями и пережил момент, когда его «сердце зажглось» от общения с этой группой. Вскоре после этого он стал катализатором Великого пробуждения, а впоследствии и методистского движения. Моравские братья, чье внимание во время бури было полностью сосредоточено на Иисусе, пробудили Джона к новому уровню веры, который в конечном счете повлиял на облик христианства, каким мы знаем его сегодня.

Видеть Иисуса в буре

Бог действует всегда, даже посреди бури. В сокрытых во тьме местах можно обнаружить что-то ценное (см.: Исаия 45:2-4). Где-то в глубине конфликта скрывается драгоценный камень, который нужно найти. Где-то под горой долгов зарыта невероятно дорогая жемчужина. Где-то в центре замешательства и неразберихи таится мир, превосходящий всякое разумение (см.: Филиппийцам 4:4-7). Где-то в шторме есть ключи, которые необходимо обнаружить и освоить, чтобы быть снаряженными к тому, что ожидает нас на другом берегу.

---

[6] Перси Паркер, ред., «Самое главное в дневнике Джона Уэсли» (Percy Livingstone Parker, ed., *The Heart of John Wesley's Journal* [London: Fleming H. Revell Company, 1903], 6-8).

Если мы прочно укоренены в Иисусе, то не поколеблемся, даже если разыграется буря. Настоящие лидеры проявляются, сталкиваясь с сопротивлением. Бог может использовать проблемы и трудности в нашей жизни для того, чтобы укрепить нас. Иногда Бог использует штормы, чтобы открыть нам глаза и помочь увидеть Иисуса даже в очень трудных ситуациях. Я поняла, что во время бурь происходит нечто, что дает нам возможность прорываться к большему уровню близости с Богом, к большему уровню власти, помазания, решительности и смелости. Вот вопросы, которые я научилась задавать себе посреди бури:

- Где в этой буре находится Иисус?
- Какой великий прорыв следует за бурей? И от чего враг пытается меня отвлечь?
- Что Бог приготовил для меня на другой стороне?
- Хочет ли Бог исцелить что-то во мне? И есть ли уроки, которые я должна усвоить, только пройдя через бурю?
- Какое чудо может произойти, если я буду продолжать смотреть на Иисуса?

АКТИВАЦИЯ:
Ходите в покое

Во время написания этой главы я чувствовала, что Бог хочет освободить людей, которые испытывают мучение в мыслях. Может быть, вас преследуют страх и тревоги, вас измучили бессонные ночи. Может быть, ваш разум бомбардируют ложь и обвинения со стороны врага. Вы не одиноки в своей нынешней ситуации. Наберитесь мужества, вы стоите на пороге великого прорыва. Пригласите Иисуса прийти и проявить Свое присутствие именно там, где вы находитесь сегодня. Пригласите Его прийти и успокоить ваш шторм. Иисус освободит вас прямо сейчас. Если это о вас, повторите со мной:

> Я отрекаюсь от всякого страха, беспокойства, мучений и от всех преследующих меня духов, во имя Иисуса. Я отвергаю любые нападки и разрушаю родовые проклятия в моей жизни. Я приказываю лжи и обвинениям врага умолкнуть. Я приглашаю в свою жизнь только истину Иисуса. Я прощаю, и отпускаю (любого, кого Господь приведет на память) за (назовите все, что этот человек сделал вам), и благословляю (имя человека) любовью Отца. Я молюсь о том, чтобы Твоя благодать наполнила (имя человека). Пусть мир, который превосходит всякое разумение, охраняет мое сердце и мой разум во Христе Иисусе.
>
> Я провозглашаю, что храню мир, а Бог все еще является моим якорем, усмиряющим любую бурю. У меня есть сила и власть ходить в истине и покое. Бог — мой Защитник.
>
> С Ним я всегда в безопасности. Я принимаю Его мир прямо сейчас. Я выбираю смело идти навстречу Иисусу и всему тому, что Он призвал меня делать и кем быть. Я — дитя Божье. Он избрал меня, Он хочет быть со мной, Он сражается за меня. Иисус заплатил за меня самую высокую цену. Я выбираю принять полноту Его любви. Я приглашаю Святого Духа прийти и наполнить меня Его миром. Я принимаю покров Отцовской любви и защиты в своей жизни.

Я провозглашаю, что вы прощены, освобождены и наполнены покоем во имя Иисуса. И пусть мир, исходящий от Него и превосходящий понимание, охраняет ваше сердце и разум во Христе Иисусе. Там, где враг пришел убить, украсть и погубить, я провозглашаю перемену во имя Иисуса. Я высвобождаю видения неба, сны и встречи с Богом и чтобы кровь Иисуса полностью покрыла и защитила вас. Пусть Господь поет над вами песни освобождения. Теперь вы — носитель покоя, во имя Иисуса.

Советы, как сохранять покой во время бури

Ниже приведены несколько практических советов, которые я применяю в своей жизни, чтобы сохранять мир посреди бури. Я верю, они помогут вам оставаться в покое, независимо от того, с каким сопротивлением вы сталкиваетесь.

1. Независимо от обстоятельств, поклоняйтесь Богу, потому что Он достоин (см.: 2 Паралипоменон 20).

2. Славьте Его за Его природу и сущность, сосредоточившись на противоположном тому, с чем вы столкнулись. (Например, если вы страдаете от недостатка финансов, прославляйте Его за то, что Он — Обеспечитель. Если вы потеряли надежду, славьте Его за то, что Он — Бог надежды.)

3. Практикуйте благодарение (см.: 1 Фессалоникийцам 5:16-18). Вспомните свидетельства из прошлого, когда Бог помог вам в похожей ситуации. Благодарите Его за верность в тех ситуациях, а также заранее благодарите Его за то, что Он проведет вас через эту бурю.

4. Доверяйте тому, что Бог благ, Он — за вас, Он невидимым образом работает для вашего блага, чтобы привести вас к большей мере изобилия, когда вы погружаетесь в Него (см.: Римлянам 8).

5. Позвоните или встретьтесь с другом, чтобы вместе помолиться и проанализировать, что происходит в вашем разуме и сердце.
6. Развивайте привычку в такие времена размышлять о Его благости.
7. Помните, что эта буря не будет длиться вечно и что вы стоите на пороге великого прорыва. По ту сторону бури находится нечто особенное. Пусть ваше поклонение, танцы и молитвы будут еще более пламенными. Соберите друзей для поклонения и вместе погружайтесь в Бога.

Следующие стихи также прекрасно подходят для размышлений на эту тему:

> Всегда радуйтесь в Господе, и я еще раз говорю: радуйтесь! Пусть ваша кротость будет известна всем людям. Господь близко. Не заботьтесь ни о чем, но во всем, через молитву и прошение, с благодарностью открывайте ваши просьбы Богу. Тогда мир Божий, превосходящий всякое понимание, сохранит ваши сердца и умы в единении со Христом Иисусом. И наконец, братья, размышляйте о том, что истинно, благородно, справедливо, чисто, что приятно и восхитительно, о том, в чем есть добродетель, и о том, что достойно похвалы — пусть это занимает ваши мысли. Все, чему вы от меня научились, что получили от меня, что вы слышали или что вы видели во мне, — все это исполняйте. И Бог, источник мира, будет с вами.
>
> Филиппийцам 4:4-9

4
Искусство отпускать

Как только Петр понял, что по воде шел именно Иисус, он сразу захотел приблизиться к Нему. Получив одобрение от Иисуса, он уже был готов действовать. Но прежде, чем Петр смог сделать свой первый шаг в невозможное, ему нужно было полностью сдаться: нужно было выйти из лодки. «— Господи, если это Ты, — сказал тогда Петр, — то повели и мне прийти к Тебе по воде. — Иди, — сказал Иисус. Петр вышел из лодки и пошел по воде к Иисусу» (Матфея 14:28-29).

Можете представить, что он чувствовал в тот момент? Прямо посреди бури шагнуть за борт лодки и оставить все позади? И тогда, когда Петр вышел из лодки, он вошел в совершенно новый мир веры. Ему не на что было опереться в бурных водах, чтобы чувствовать себя безопасно. Когда он отпустил лодку, его единственным упованием стал Иисус. У Петра не было запасного плана. Он поставил себя в самое уязвимое и опасное положение. Кстати, если бы Иисус его не поддержал, он мог бы утонуть. Какой прекрасный акт подчинения и доверия Богу: Петр вышел из лодки и полностью положился на Иисуса!

У меня когда-то была запись в блоге с таким названием: «*Отпустить. Вступить в борьбу. Жить полной жизнью*». Подчинение, полная передача себя Божьему водительству, иногда становится естественным и необходимым шагом на пути к полнокровной жизни. Семя должно упасть в землю и умереть, прежде чем оно сможет высвободить новую жизнь (см.: Иоанна 12:24). Когда мы наконец сдаемся, отказываемся от чего-то и отпускаем, начинают происходить могущественные процессы.

Когда мы отпускаем контроль и полностью доверяемся Иисусу, то позволяем Ему вести нас, и тогда мы преображаемся. За этим следуют прорыв и свобода: мы отказываемся от всякого контроля, упования на свои силы, гордости и независимости ради того, чтобы приблизиться к Иисусу. Шаг в неопределенность, уязвимость и риск ради близости с Иисусом — одно из самых пугающих, напряженных, но и прекрасных решений, которое человеку дано сделать.

Мадам Жанна Гийон (1648—1717), посвятившая свою жизнь тому, чтобы достичь глубокой близости с Иисусом, сказала: «Великая вера производит великое отречение самого себя»[7]. В этом есть глубокий смысл. Великая вера связана с полным посвящением, полным послушанием и шагом за пределы лодки.

Сладостное подчинение

Недавно я познакомилась с жизнью миссионерки, которая отдала все, чтобы служить потерянным людям с разбитыми

---

[7] Жанна Гийон, *Познание глубин Иисуса Христа* (Киев : Руфь, 1997), с. 34.

судьбами. Лилиас Троттер (1853—1928) выросла в Лондоне и посвятила свою жизнь Иисусу, любя тех, кто оказался в худших обстоятельствах. Ее знали как ту, что часто выходила одна поздней ночью, чтобы спасать проституток на лондонских улицах[8].

Лилиас была одаренной художницей и могла бы сделать на этом карьеру. Однако вместо того, чтобы достигать успеха в сфере искусства, как ей советовали известные художественные критики, она предпочла за лучшее сосредоточиться на проповеди Божьей любви потерянным людям Северной Африки. Лилиас использовала свое имущество, таланты и стремления и посвятила свою жизнь людям в Алжире, не знавшим Евангелия. После того как миссионерские общества отклонили ее заявку быть их штатной миссионеркой, она на собственные средства решила стать первопроходцем в проповеди людям Северной Африки. Она провела сорок лет в трудных условиях пустыни, служа местным жителям. Жизнь Лилиас подобна глубокому колодцу. Она была вдохновляющей художницей, писательницей, первопроходцем, миссионеркой и поклонницей Иисуса, которая прожила жизнь посвящения.

Еще одной женщиной, которая понимала, что значит отказаться от всего ради исполнения Божьей воли, была видная лидер движения Божественного исцеления и раннего пятидесятничества Кэрри Джадд Монтгомери (1858—1946). В подростковом возрасте Кэрри мечтала стать учителем и писательницей, но она отпустила свою мечту и доверилась Господу после очень тяжелой болезни, которая едва не отняла ее жизнь. После чудесного исцеления от болезни Бог воскресил и ее мечту и побудил писать книги, которые и сегодня продолжают приносить Божье исцеление тем, кто их читает. Господь использовал эту

---

[8] Miriam Huffman Rockness, *A Passion for the Impossible: The Life of Lilias Trotter* (Grand Rapids, Mich. : Discovery House, 1999), 91.

женщину для создания первых домов исцеления в Соединенных Штатах, включая «Дом мира» в Окленде, штат Калифорния, в 1893 году, который существует и по сей день[9].

Хайди Бейкер (родилась в 1959 году), которая и ныне занимается миссионерством в Африке; однако в юности она мечтала стать балериной. Как только Хайди познала Божью любовь, то поняла, что должна отложить в сторону балетные туфли и полностью посвятить себя Ему. С тех пор ее посвящение Иисусу и ее служение сильно повлияли на народ Мозамбика и весь мир. Бог воскресил ее любовь к танцу и позволил ей проявить эту способность в поклонении перед Его троном. Господь сделал гораздо больше, чем она могла себе представить, после того как она все подчинила Ему[10].

Таланты и мечты, которые эти женщины отдали Господу, вовсе не были чем-то плохим. Просто они понимали, что в какой-то момент эти стремления могли занять место, по праву принадлежащее Иисусу. В своем посвящении эти женщины подчинили Богу все эти таланты. С того времени Бог использовал их жизни, чтобы распространять Евангелие по всему миру и прокладывать путь на новых территориях, часто используя их однажды подчиненные дары и мечты. Бог иногда призывает нас отпустить то, что нам дорого, но это вовсе не означает, что то, от чего мы должны отказаться, плохо само по себе. Это скорее связано с тем, чтобы позволить Ему занимать первое место в наших сердцах и подчиняться Ему в любых обстоятельствах.

---

[9] Jennifer A. Miskov, *Life on Wings: The Possibilities of Pentecost* (Cleveland, Tenn. : CPT Press, 2012), 7-23, 35-45. Больше информации о «Доме мира», включая возможность его посещения, смотри на сайте www.homeofpeace.com.

[10] Bill Johnson with Jennifer A. Miskov, *Defining Moments: God-Encounters with Ordinary People Who Changed the World* (New Kensington, Pa. : Whitaker House, 2016), 267-291.

Полное посвящение

Когда я размышляю о полном посвящении и предоставлении себя Иисусу, вспоминается история Риса Хауэллса (1879—1950). Он родился в Уэльсе и в свое время стал частью великого Уэльского пробуждения 1904—1905 годов под руководством Эвана Робертса. В Уэльсе тогда произошло такое могущественное излияние Божьего Духа, что менее чем за четыре месяца более ста тысяч человек обрели спасение. Хауэллс был христианином, но, испытав особое переживание в Боге, он оставил все мечты и планы и глубоко посвятил себя Господу, полностью отделив себя для Божьих целей.

В 1906 году, когда Хауэллсу было 26 лет, он посетил конференцию в Лландриндод-Уэльсе, где услышал проповедь о полном подчинении Святому Духу. Это позволило ему взглянуть на Святого Духа другими глазами[11]. Во время той встречи он понял, что Бог приглашал его к полному посвящению и полному водительству Святым Духом. У него было только пять дней, чтобы ответить Богу на это приглашение. Сразу после служения Хауэллс отправился в поле, где никого не было, и воззвал к Богу. Он несколько дней плакал, ощущая призыв полностью отдаться Богу, что даже потерял больше трех килограммов веса в течение этого времени. Он знал, что как только он шагнет в полное посвящение, это будет на всю жизнь; пути назад не будет. Пять дней он оставался один на один с Богом, обдумывая свое решение. Он понимал, что Бог

---

[11] Norman Grubb, Rees Howells, *Intercessor: The Story of a Life Lived for God* (Fort Washington, Pa. : Christian Literature Crusade, 1952), 35. Хауэллс сказал об этом опыте так: «Мне никогда раньше не приходило в голову, что Святой Дух — это Личность, Такая же, как Спаситель, и что Ему надлежит прийти и обитать в плоти и крови... Я думал о Нем только как о Влиянии, сходящем на собрания, и так думало подавляющее большинство из нас во время пробуждения. У меня и мысли не было, что Ему надлежит обитать в телах, так же как Спаситель обитал в Своем теле на земле».

не будет принимать поверхностное посвящение. Бог указал на все, что я стремился удержать, и мне нужно было принять хладнокровное решение... Это было вторжение, во время которого Святой Дух все брал под Свой контроль. Это происходило изо дня в день. Он открывался как Бог, а я жил как человек, и «то, что позволительно другим, — говорил Он мне, — не будет позволительно тебе»[12].

На пятый день Хауэллс услышал, как Дух Святой сказал:

> Я открывал и показывал тебе все это в течение пяти дней; дальше ты должен дать Мне свой ответ к шести часам вечера, и помни, что твоя воля должна отступить. Я ни в коем случае не позволю тебе вносить свои изменения в Мои планы. Ты пойдешь туда, куда Я скажу, и сделаешь то, что Я скажу[13].

Он не был готов принять решение, поэтому просил больше времени, но услышал Божий ответ: «К шести вечера ты должен принять решение. Другого шанса тебе не представится»[14]. Бог звал его встать на ступень выше. Вот что Хауэллс вспоминает:

> Мне нужно было отказаться от своей воли; у меня не будет больше шанса делать выбор, и я не должен буду прекословить Ему в мыслях, словах или намерениях. Каждый день Он очищал и освящал меня от прежней жизни, чтобы я не возвращался туда. И, наконец, Он дал мне один час, чтобы решить, буду ли я жить своей жизнью, или Он будет жить во мне и через меня. Судьба всей моей вечности зависела от этого часа[15].

---

[12] Norman Grubb, Rees Howells, *Intercessor: The Story of a Life Lived for God* (Fort Washington, Pa. : Christian Literature Crusade, 1952), 35, с. 36-37.

[13] Ibid., с. 38.

[14] Ibid., с. 35. Смотри также: Doris M. Ruscoe, *The Intercession of Rees Howells* (Blowing Rock, N.C.: Zerubbabel Press, 1983), 43-44.

[15] Ruscoe, *Intercession*, 42-43.

На пятый день в 17:59, не имея больше времени, Хауэллс посвятил себя Господу. Он предоставил себя Святому Духу под полный контроль и водительство:

> Наконец, я сказал: «Я готов, Господи», — и Он пришел. Он не заставлял меня, это стало моим решением. Сразу же я перенесся прямо в Божье присутствие, и вот стих, который Он мне дал: «...братья, благодаря крови Иисуса мы теперь можем смело входить в Святое Святых...» (Евреям 10:19). С того момента начался отсчет между моей прежней жизнью и новой[16].

Сразу после того, как он посвятил себя Богу, он почувствовал, как Святой Дух ворвался в его жизнь. Он вспоминал, как его «перенесло в другой мир», где Бог говорил с ним[17]. В ту же ночь Божье присутствие наполнило дом, где Хауэллс вместе с небольшой группой верующих собрались для общения, и они пели припев «Есть сила в крови» два часа подряд[18]. Бог продолжил говорить с ним до раннего утра, открывая ему «то, о чем он и не мечтал»[19].

Огонь сходит на жертву

После этой встречи с Богом, Хауэллс стал жить жизнью полного посвящения и послушания. На какое-то время он даже принял на себя обет наподобие назорейского, в течение которого он воздерживался от двух приемов пищи в день. Он также отводил три часа каждый вечер, с 18:00 до 21:00, для общения с Богом. В течение этого времени он два часа читал Библию и пребывал в тишине следующий час, ожидая все это время Бога на коленях. Вот что он вспоминал:

---

[16] Ibid.

[17] Grubb, *Rees Howells*, 39.

[18] Из песни «Грех победить, о, желаешь ли ты...». — *Прим. переводчика.*

[19] Grubb, *Rees Howells*, 39.

Мы можем уединиться, закрыться от голосов других людей, но как трудно заглушить голос своего «я»! Однако через какое-то время Господь научил меня приходить в такое состояние, где, закрыв дверь в шесть часов вечера, я сразу же отстранялся от мира и мог войти в Божье присутствие[20].

Хауэллс в такой полноте посвятил себя Святому Духу, что однажды кто-то приехал в город, не зная его имени, и «просто спросил у кондуктора на станции, где живет "человек со Святым Духом", и его направили к мистеру Хауэллсу!»[21].

Полное посвящение и отказ от собственных желаний принесли многочисленные плоды среди его учеников. Позднее он почувствовал призвание начать школу служения, куда «молодые люди могли бы приходить, чтобы учиться вере и, прежде всего, исполняться Святым Духом»[22]. Имея всего пятнадцать центов в кармане, Хауэллс шагнул в невозможное, чтобы приобрести здание для этой школы. Он продолжал молиться и верить в исполнение этой мечты, вскоре начали регулярно приходить небольшие пожертвования, которых было достаточно, чтобы покрывать выплату за здание. Хауэллс смог открыть школу в 1924 году, в которой было 5 учителей и 38 студентов[23].

Спустя годы, в начале 1937-го, на одном из собраний школы Хауэллс призвал студентов и преподавателей к полному посвящению, после чего Божий огонь сошел могущественно на всех присутствующих. А всего через девять месяцев после того события произошло еще одно излияние Духа Святого. Во время молитвенного собрания одна из его сотрудниц стала сокрушаться, «исповедуя свою нужду в Святом Духе и взывая,

---

[20] Grubb, *Rees Howells*, 114. Смотри также: Ruscoe, *Intercession*, 44.

[21] Grubb, *Rees Howells*, 119.

[22] Ibid, 100.

[23] Ibid, 185-187.

чтобы Он ее наполнил»²⁴. После этого произошло потрясающее излияние Духа Святого. Человек, бывший на тот момент управляющим, вспоминал, что Бог

> не сошел в виде сильного ветра. Но постепенно личность Святого Духа наполнила все наши мысли, Его присутствие наполнило то место, и Его свет, казалось, проникал во все потайные уголки наших сердец. Господь говорил через уста директора на каждой встрече, но именно в тишине в наших комнатах Он открывал Себя многим из нас.
>
> Мы и раньше понимали, что Святой Дух был реальной Личностью; мы Его уже приняли; и некоторые из нас уже много знали о Нем и знали Его действия в своей жизни. Но теперь откровение Его Личности было таким потрясающим, что весь наш предыдущий опыт казался ничтожным. Не было какого-то видимого проявления, Он просто сделал Себя настолько реальным, как будто мы встретились с Ним «лицом к лицу». И когда мы увидели Его, мы осознали, что никогда раньше в действительности не знали Его...
>
> Мы оставили все, чтобы следовать за Спасителем, и отказались от всех благ этого мира, чтобы жить по вере. Насколько мы понимали, мы полностью предавали наши жизни Тому, Кто умер за нас. Но Он сказал нам следующее: «Есть большая разница между *вашей* жизнью, преданной в Мои руки, и Мной, живущим *Моей* жизнью в вашем теле»²⁵.

Хауэллс и его студенты поняли, что посвящение себя Богу — лишь начало. Оно не было полным без наполнения Святым Духом и Его полного водительства.

---

[24] Grubb, *Rees Howells*, 217.
[25] Ibid., 218-219, 221.

В возрасте всего 26 лет Хауэллс полностью посвятил себя Богу и отказался от своей жизни, пригласив Святого Духа прийти и обитать в нем. Его личный акт посвящения, чего бы это ему ни стоило, оставил отпечаток в жизни многих и продолжает это делать спустя поколения. С момента его смерти в 1950 году тысячи людей были обучены и посланы в другие страны из школы Хауэллса, включая немецкого миссионера по имени Рейнхард Боннке, который учился в этом колледже в 1950-х годах[26]. Боннке в свое время привел более семидесяти миллионов людей в Божье Царство и продолжает евангелизировать по всему миру.

Призвание Риса Хауэллса требовало большей степени посвящения и освящения, чем у большинства других. Точно так же действие Петра — выйти из лодки — было чем-то экстремальным, особенным. Никто вокруг него даже не думал о таком. Призвание некоторых людей требует большей жертвы, большего риска, большей цены и большей степени святости, чем других. Лишь потому, что другие не выходят из лодки, из которой, ты понимаешь, что тебе нужно выйти, не означает, что ты не можешь или не должен этого сделать.

Некоторые из вас, читающих эти строки, призваны открыть новые сферы деятельности, в которые другие не призваны, поэтому вас могут не понять. Возможно, вам нужно отказаться от привычных удобств или сделать шаг веры к тому, что еще никогда не делалось. Не слушайте обвинения врага и не беспокойтесь о том, что «подумают люди». Самое важное — следовать водительству Святого Духа и приближаться к Иисусу еще больше. В то же время стоит понимать, что другие ученики

---

[26] Grubb, *Rees Howells*, 39; смотри также: David Littlewood, "Rees Howells," *The Remnant International*, July 2000, http://www.theremnant.com/07-06-00.html

не вышли из лодки с Петром, но это не делает их жизни менее ценными или значимыми; это просто означает, что у них было другое призвание и другой путь к его осуществлению.

Не каждый готов отпустить все и выйти из лодки, чтобы приблизиться к Иисусу. Но Петр был готов, вы тоже призваны делать то, что еще никто не делал. Если вы будете держать свой взгляд на Иисусе и идти к Нему, то пройдете по таким местам, о которых даже не мечтали.

АКТИВАЦИЯ:
Отпустите

Когда Петр вышел из лодки, он понимал, что больше не мог контролировать ситуацию. Он подчинился и доверился Иисусу всем своим сердцем. Позади остались комфорт, безопасность и защищенность, но он направлялся к Тому, Кто был жизнью и жизнью с избытком.

Подчинение и посвящение выглядит по-разному в разных обстоятельствах, и иногда то, от чего нужно отказаться, совсем не материального характера. Иногда это токсичные отношения, от которых нужно отказаться, устанавливая с людьми здоровые границы. В другой ситуации нужно будет отпустить дорогого человека или какие-то вещи, к которым вы привязаны и которым позволили занять важное место в сердце. Иногда вам нужно будет обрезать то, что вас разрушает, а иногда то, что занимает слишком много места в вашем сердце.

1. Какие в вашей жизни есть «лодки», за которые вы держитесь ради безопасности?

2. Есть ли в вашей жизни что-то или кто-то, занимающий место выше Иисуса и к кому или чему вы обращаетесь перед тем, как обратиться к Нему?
3. Кого или что вам нужно отпустить и отдать Господу, чтобы вы осмелились войти в еще более глубокие воды ради близости с Иисусом?

Иисус желает восполнять наши нужды и быть для нас источником живой воды. После того как мы отпустим то, что стояло превыше Него, нам нужно пригласить Иисуса наполнить Собой нашу жизнь. Иисус — наша крепость. Он Тот, Кто восполняет наши самые глубокие потребности. Проведите время, записывая свои мысли, и по-новому посвятите свою жизнь Иисусу. Пригласите Святого Духа прийти и наполнить вас еще больше Своей любовью. Поверьте, что Он желает самого лучшего для вашей жизни. Он достоин любой жертвы. Я призываю вас обновить свое посвящение Ему, предоставив свою волю Господу. Провозгласите вместе со мной следующее:

Господи, я отдаю Тебе все. Я отдаю Тебе каждую свою мысль, каждый вздох, каждое желание. Все, чем я являюсь, принадлежит Тебе. Ничто другое не важно так, как большее познание Тебя. Если есть какие-то вещи или какие-то отношения в моей жизни, которые я ставлю выше Тебя, пусть сойдет Твой очищающий огонь. Расставь все на свои места. Приведи в должное состояние каждую часть моего сердца. Помоги мне направить свою любовь на Тебя. Ты достоин всего моего сердца, а не какой-то его части. Если мне самому слишком трудно что-то отпустить, я приглашаю Тебя прийти и взять это. Я доверяюсь Тебе целиком. Я предаюсь в Твои руки. Войди, чтобы полностью захватить мою жизнь Своей любовью. Пусть моя жизнь будет священным жилищем, куда Тебе приятно будет прийти и обитать. Я провозглашаю сегодня, что полностью отдаюсь Тебе и мое сердце полностью принадлежит Тебе.

5
Движимые любовью

Петр пошел на риск, шагнув в невозможное, чтобы подойти ближе к Иисусу. Он отбросил всякую логику и мудрость. Он отключил тормоза и двигался под влиянием сильных эмоций, страсти и возбуждения. Он был готов подвергнуть себя еще большей опасности, чтобы быть с Тем, Кого он любил. В его действиях не было никакой логики. По крайней мере, в лодке он был хотя бы в относительной безопасности. Было безумием в шторм отказаться от этой безопасности, чтобы шагнуть в опасные волны к Другу, нарушающему законы природы. Тем более абсурдным было думать, что он может делать то же, что Иисус.

Вы когда-нибудь замечали, что влюбленные люди могут совершать безумные поступки? Любые препятствия исчезают, когда в уравнение добавляется любовь. Когда мы знаем, что нас любят, то готовы на все.

С момента встречи с Иисусом Петр чувствовал неимоверное желание следовать за Ним повсюду, временами несмотря даже на большую опасность. Его желание быть ближе к Иисусу превосходило его страх перед окружающими обстоятельствами. Он доверял власти Иисуса и знал, что если Тот приказал идти по воде, то это возможно. Причиной таких крайностей в поведении Петра было его понимание любви Иисуса. При первом соприкосновении с Иисусом Петр пережил то, к чему стремилось его сердце всю жизнь, и поэтому он оставил все. Он отказался от своих мечтаний, амбиций, самодостаточности и комфорта, чтобы следовать за Человеком, Который оживил его изнутри и открыл ему предназначение.

Иисус

Что заставило Петра подвергнуть себя опасности и выйти из лодки, чтобы быть рядом с Иисусом? Давайте посмотрим на предысторию их отношений и то, как они впервые встретились.

В Матфея 4:18-19 Иисус, проходя вдоль берега, увидел Петра и призвал его стать одним из Своих первых учеников. «Идите за Мной, — сказал им Иисус, — и Я сделаю вас ловцами людей». Иисус обратил внимание на Петра, избрал его и предоставил возможность изменить что-то в этом мире. Петр и его брат Андрей тут же оставили свои сети, чтобы пойти за этим великим Учителем.

В Луки 5:1-11 мы можем заглянуть за кулисы этого момента и узнать, что изначально вдохновило Петра оставить все и последовать за Иисусом. Итак, Иисус стоял у воды рядом с двумя лодками, одной из которых была лодка Петра, и проповедовал людям Слово Божье. Петр и его брат вымывали сети после целой ночи безуспешной рыбалки. Тем временем Иисус решил, что удобнее будет проповедовать с лодки Петра, поэтому сел в лодку и попросил Петра отплыть немного от берега; и таким образом Он продолжил учить народ с лодки.

Здесь, прежде всего, интересен сам подход. Может показаться, что Иисус воспользовался лодкой Петра, даже не спросив его. В то же время это честь, что Иисус выбрал именно лодку Петра! Господь видел что-то особенное в Петре; Он даже не постеснялся войти в его лодку. После того как Иисус закончил учить, Он сказал Петру, которого тогда еще звали Симоном, отплыть на глубину и забросить сети для ловли. И это было после того, как Петр безуспешно рыбачил всю ночь и уже почистил сети! К счастью для Петра, и поскольку это сказал Иисус, он послушался и сделал так.

Петр и Андрей поймали столько рыбы, что их сети начали прорываться. Им пришлось позвать своих друзей на другой лодке — братьев Иакова и Иоанна, — чтобы те поспешили помочь им с обилием попавшей в сети рыбы. И обе лодки настолько заполнились рыбой, что начали тонуть! Повиновавшись слову Иисуса, они увидели прорыв в своем бизнесе. Результатом стало настоящее финансовое чудо.

Невозможное стало реальным прямо у них на глазах, поэтому Петр побежал к Иисусу и пал к Его ногам. Он не знал, как реагировать на такую любовь и милость великого Учителя. Вместо того чтобы принять этот обильный дар, он воскликнул: «...Уйди от меня, Господи, ведь я человек грешный!» (Луки 5:8). Внимание Петра было на себе, своем несовершенстве, а не на Иисусе. Из-за неуверенности и чувства неполноценности он предпочел отвергнуть Даятеля благословения, а не принять Его. Данная фраза говорит многое о Петре, его гордости, жалости к себе, ложном смирении. Он боролся с тем, чтобы полностью принять этот невероятный дар от Иисуса. Петру было страшно, что его увидят, узнают, полюбят и примут. Когда осознание любви Христовой стало слишком сильным, Петр оттолкнул Иисуса.

К счастью, это не обидело Иисуса. Его любовь продолжала проникать сквозь стыд даже в самые твердые сердца. В тот момент Иисус мог уйти и оставить Петра. Он мог бы выбрать кого-то другого следовать за Собой и быть учеником. Но вместо этого Иисус сказал: «...Не бойся, отныне ты будешь ловить людей» (Луки 5:10). Иисус видел намного дальше, Он видел предназначение Петра. Хотя Петр видел себя бедствующим рыбаком, Иисус видел его камнем, на котором Бог впоследствии воздвигнет Свою Церковь. Петр и остальные ответили на эту любовь, оттянув лодки на берег, они оставили все, чтобы следовать за Иисусом.

Обращение

Я помню, как впервые по-настоящему пережила встречу с Иисусом. Я выросла в христианской семье и всегда знала *об* Иисусе, посещая церковь. Когда я была ребенком и училась в христианской школе, то не раз принимала Иисуса в свое сердце на богослужениях в школе. В детстве я всегда держалась подальше от «плохого»: я не пила спиртного, не занималась добрачным сексом и не употребляла наркотиков. Но держаться подальше от «плохого» не означало, что у меня были личные отношения с Иисусом. Я верила в Него, поступала «как надо» и ходила в церковь. С внешней обрядностью у меня все было хорошо, но у меня не было личных близких отношений с Ним.

В детстве я была крайне застенчивой. Я посещала небольшую христианскую школу, в моем классе было всего шесть учеников. Там мне было хорошо. Но когда я окончила начальную и перешла в среднюю школу, где в моем классе обучалось более семидесяти человек, то не могла справиться с таким множеством новых людей. Мне было 12; я никого не знала в новой школе и изо всех сил пыталась завести друзей. Я старалась общаться с разными компаниями, но никогда не вписывалась в них. Помимо застенчивости, я была немного полноватой, и у меня торчали передние зубы из-за того, что слишком долго сосала большой палец, когда была маленькой. Я не разбиралась в моде и с детства была сорванцом, лазила по деревьям и играла в спортивные игры с мальчиками.

Обеденное время было для меня наихудшим временем. Это было время без какой-либо структуры и порядка, когда в столовой каждый мог сидеть, где хотел, и был волен выбирать себе друзей. По крайней мере, в классах у нас были распределены места, и с учителем я чувствовала себя в безопасности. Однако когда звенел звонок на обед, я становилась изгоем. В обеденный перерыв для меня не было ничего надежного и постоянного. Мне не за что было держаться.

Однажды во время обеда я набралась смелости и попыталась подружиться с компанией девочек, сидевших за столом. Когда я подошла к их столу, одна из них сказала: «Ты нам здесь не нужна». Самое интересное, что я до сих пор помню имя и фамилию той девочки. Я была разбита, и у меня началось отторжение себя. Что со мной не так? Почти каждый день я со слезами звонила сестре по телефону-автомату, умоляя ее помочь мне выйти из школы. У меня было такое ощущение, будто я тону. Я нигде не находила Бога в моей ситуации. Я чувствовала себя такой одинокой!

Родители оставили меня в этой школе, несмотря на все мои просьбы, хотя я знала, что для них это тоже было трудным решением. Оглядываясь назад, я благодарна им за это решение. В восьмом классе мои дела пошли немного лучше, потому что я занималась спортом и благодаря этому смогла завести несколько друзей. Но ситуация повторилась, когда я перешла в старшую школу: учеников в моем классе стало в три раза больше. Меня ошеломляло такое количество людей.

Я снова попыталась найти друзей; и снова я, казалось, не вписывалась ни в одну компанию. Иногда это даже не они меня отвергали; я сама не находила никого, с кем хотела бы познакомиться, потому что чувствовала себя белой вороной. К концу года я наконец перестала пытаться; во время обеда начала уходить в женскую раздевалку. Никто не мог там видеть моего одиночества. В этом безопасном месте я могла спрятаться и исчезнуть.

Там, посреди этой долгой бури, сидя в полном одиночестве, я начала читать Библию. Слово Божье стало для меня живым, как никогда раньше. Читая Писание день за днем, я обнаружила, что суть христианства заключается не в том, чего *не следует* делать; речь шла о жизни, о любви, о Человеке по имени Иисус, Который страстно любил меня. Наконец я поняла, что христианство — это не только соблюдение Десяти заповедей; речь шла о том, насколько Бог возлюбил меня, что пожертвовал Своим единственным Сыном, чтоб я могла жить. Я поняла, что Бог смотрел на меня не откуда-то сверху, ожидая, когда я совершу ошибку, чтобы наказать меня, но что Он не мог оторвать от меня глаз, потому что так сильно любил меня.

В этой буре одиночества я впервые начала видеть Иисуса — *по-настоящему* видеть Его. Я начала понимать Его любовь ко мне: что Он готов был прожить Свою жизнь на земле с одной лишь целью — умереть за меня! Вместо того чтобы смотреть, как я иду в ад, потому что я никогда не буду достаточно хорошей или святой, чтобы самостоятельно увидеть Бога, Он занял мое место, забрал мои грехи и пролил Свою кровь, чтобы мне не пришлось этого делать. Каждый день Он приближался к смерти, думая обо мне. Он с радостью и охотно отдал Свою жизнь, чтобы мы встретились лицом к лицу.

Бог использовал эти бури в средней и старшей школе, чтобы привлечь меня к Себе. В выпускном классе у меня уже были друзья почти из всех социальных слоев, и я даже получила титул «Самая дружелюбная», потому что научилась быть другом тем, кто нуждался в этом. Чтение Библии стало ключом к тому, чтобы яснее увидеть Иисуса и впервые полюбить Его. Христианство для меня из просто религии превратилось в страстную любовь к Иисусу. После того как во время бури я увидела, какой Иисус на самом деле, я поняла, что хочу отдать Ему всю свою жизнь. Полное посвящение.

Полностью в деле

С самой первой встречи с Иисусом Петр был шокирован Его неослабевающей любовью. Он был избран и призван последовать за Иисусом и сделать что-то великое. С того дня он был полностью в деле. Профессия рыбака не считалась престижной. Теперь, когда Иисус появился в его жизни, Петру представилась возможность стать кем-то великим, сделать что-то значительное в своей жизни. В глазах Иисуса была надежда чего-то большего.

Иисус призвал Петра в том состоянии, в котором он находился, они даже жили под одной крышей. Все началось с чудесного улова рыбы, то есть благословения на рабочем месте Петра, где его сердце было наиболее восприимчивым. Вскоре после этого Иисус посетил дом Петра, где исцелил его тещу, которая лежала в горячке (см.: Марка 1:30-31). Иисус не был безразличен к нуждам Петра, включая его бизнес и семью. Он был терпелив, давая Петру время разбираться со своими чувствами и научиться следовать за Ним.

Петр, будучи одним из первых учеников, с самого начала видел большую часть служения Иисуса. Он видел, как Иисус превращал воду в вино, изгонял бесов, исцелял больных и воскрешал мертвых. Когда они плыли на лодке, Петр видел, как

Иисус запретил ветру и волнам, после чего погода изменилась и наступил полный штиль (см.: Матфея 8:23-27). Все это происходило на глазах у Петра. Поэтому Иисус был не просто Учителем, к Которому Петр хотел прийти во время бури; Он был Тем, Кто имел власть над бурей, ветром и волнами.

Было что-то особенное в Иисусе, что заставляло Петра хотеть сделать немыслимое, невозможное. Он с самого начала изменил жизнь Петра; Он освободил его от стыда и дал ему ощущение безопасности. Любовь Иисуса оставила неизгладимое впечатление. Он был полностью в деле. К кому ему идти? Лишь у Христа были слова жизни. Он навсегда связал свою судьбу со своим Другом. Еще до того, как Петр стал великим лидером, Иисус принял и полюбил его таким, какой он был. В день их встречи Иисус вошел в лодку Петра, а теперь Он пригласил Петра выйти из лодки.

АКТИВАЦИЯ:
Принятие неослабевающей Божьей любви

1. Если вы еще не пережили любовь Иисуса, какой я ее описала, и хотите узнать Его на более близком и личном уровне, то призываю вас обратиться к Нему в молитве. Пригласите Его войти в ваше сердце, чтобы познать Его больше, чем раньше. Он придет туда, где вы находитесь сейчас. Вам не нужно пытаться что-то исправить перед тем, как прийти к Нему. Он любит вас такими, какие вы есть сейчас, и хотел бы узнать вас лучше.

2. У каждого из нас есть уникальные свидетельства Божьей славы. Важно вспоминать о том, что Бог делал в прошлом в вашей жизни, напоминая себе о Его спасающей

благодати, а также делиться этим с людьми, чтобы нести им надежду. Я призываю вас обдумать ответы на следующие вопросы и написать собственную историю:

Как вы впервые встретились с любовью Христа?

Кто для вас Иисус, и как Он повлиял на вашу жизнь?

3. Петру трудно было принять обильное благословение и любовь Иисуса, он боролся, потому что был сосредоточен на своих недостатках. Мужество, которое Петр проявил позже, появилось у него благодаря тому, что он позволил любви Христа разрушить стены стыда. Подумайте над следующими вопросами:

Что вы чувствуете, когда Бог или люди благословляют вас? Готовы ли вы принимать благосклонность, благословение и обилие? Или вы из-за стыда чувствуете себя недостойным, когда Бог хочет излить на вас благословение? Если да, то на чем вы сосредоточены?

Как бы вы себя чувствовали, если бы купили человеку дорогой подарок, а он не захотел его принять, потому что чувствовал себя недостойным?

Если вы можете беспрепятственно принимать Господни благословения — славьте Его за это! Я молюсь, чтобы Бог расширил ваше сердце, чтобы оно могло принимать и отдавать еще больше. Если вы чувствуете, что стыдитесь прошлого и не заслуживаете Божьей благости, попросите Святого Духа раскрыть, почему это так, и пригласите Его освятить глубины вашего сердца. Нельзя одновременно испытывать стыд и ходить по воде. Попросите прощения за то, что не могли принять то, за что Иисус уже заплатил. Раскройте свое сердце шире, чтобы принять все, что Бог приготовил для вас. Откажитесь от всякого стыда в своей жизни. Помните, что сегодня новый день и что Бог творит все новое. Ваш грех удален так же далеко, как восток от запада. Никакая неудача или ошибка не может быть слишком велика, чтобы отлучить вас от любви Божьей (см.: Римлянам 8). Сегодня безвозмездно примите Его благодать, благословения, благосклонность и благость. Вы также можете помолиться вслух этой молитвой, если готовы:

Боже, я раскаиваюсь во всех случая, когда мне ближе был стыд. Я отрекаюсь от стыда, чувства вины и осуждения в своей жизни во имя Иисуса. Я отрекаюсь от лжи о том, что я недостоин принять Твою любовь. Я верю в истину о том, что значим для Тебя и что теперь нет осуждения тем, кто во Христе Иисусе (см.: Римлянам 8:1-2). Прости за то, что я не до конца доверял Твоей благости или не принимал дар близкой дружбы, за который Ты уже заплатил Своей смертью. Прости меня за попытки заслужить Твою любовь. Очисти мое сердце и сделай меня способным обильно принять Твою благодать и милость. Благодарю, что Ты никогда не перестаешь заботиться обо мне. Благодарю, что Ты никогда не отказываешься от меня. Благодарю, что Ты уже заплатил наивысшую цену, чтобы любить меня. Благодарю Тебя, что ничто из моего прошлого не может помешать моему будущему в Тебе. Сегодня я принимаю Твою непрекращающуюся, неугасающую и неослабевающую любовь. Сегодня я принимаю истину, что я ценен и важен, потому что Ты полюбил меня. Я принимаю Твою любовь, пусть она коснется самых глубоких уголков моего сердца сегодня. Святой Дух, приди и окружи меня любовью Отца. Коснись меня Своей целительной любовью. Благодарю, что в Тебе я безопасносен.

Я молюсь, чтобы в этот момент вас облекла любовь, принятие и прощение Иисуса, как никогда прежде. Вы этого достойны. Он уже заплатил наивысшую цену. Примите эту любовь, которую даруют вам безвозмездно, чтобы вы могли передать ее миру, столь отчаянно нуждающемуся в Его любви. Пусть Его любовь приведет вас к полному посвящению и смелости. Пусть стены стыда всецело растают, когда вы направите свой взгляд на Иисуса и примите Его неослабевающую любовь. Пусть ваша страсть быть ближе к Иисусу воспламенит новую революцию любви, которая повлияет на тех, кто вас окружает, и на грядущие поколения.

6
Фокус

Пока Петр смотрел на Иисуса, он продолжал делать невозможное. Один из ключей жизни чудес — это держать внимание на Иисусе и черпать смелость от Него. Мы должны всегда оставаться сосредоточенными на Иисусе, несмотря на обстоятельства, которые пытаются лишить нас надежды. Когда мы так поступаем, какие бы бури ни бушевали вокруг нас, у нас будет мир, превосходящий понимание, и во многих случаях мы будем делать невозможное, не прилагая особых усилий. Сфокусированное внимание на Иисусе при любых обстоятельствах очищает наши сердца и разжигает Божий огонь внутри нас.

Огонь

Слово «фокус» происходит от слова «огонь». В начале 1600-х годов ученые выбрали латинское слово *focus*, чтобы назвать точку, в которой солнечный свет сходится в линзе, производя огонь[27]. В постклассические времена слово *focus* использовалось даже для обозначения самого огня. Латинское слово *focus* также означало «очаг» или «камин», что образно можно ассоциировать с домом и семьей[28]. И неудивительно, ведь именно семья является тем звеном, которое хранит / поддерживает очаг пробуждения.

Фокус воспламеняет огонь. Он может привести к синергии и более мощному разжиганию. Когда мы направляем все наше внимание на Иисуса, происходит синергия для прорыва. Если в природе фокус способен разжигать огонь, то представьте себе, что будет происходить, если в духовном мире наш пламенный фокус сосредоточивается на Спасителе?

Только одно

То, на чем мы сосредоточиваем внимание, формирует нас и определяет, кем мы станем. Когда все внимание мы сосредоточиваем на одном — на Самом Иисусе, приходят сила и безопасность. В Псалме 26 читаем, что даже посреди бушующего хаоса и войны Давид всячески старался удержать свой фокус на одном:

> Пусть войско меня окружит — сердце мое не дрогнет; пусть вспыхнет против меня война — и тогда я буду спокоен. *Одного я прошу у Господа, только этого я ищу: чтобы жить мне в доме*

---

[27] Слово «фокус» было «использовано Кеплером (1604) в математическом смысле как "точка схождения", возможно, по аналогии с точкой фокусировки линзы». Дуглас Харпер, *Этимологический онлайн-словарь* (Douglas Harper, Online Etymology Dictionary), доступно на 20 марта 2017 года, http://www.etymonline.com/index.php?term=focus. Такой смысл также можно увидеть в синонимах этого слова: центр, очаг, сердцевина, ядро, точка схождения.

[28] «Очаг» (англ. *hearth*) может означать пол перед камином или нижнюю часть печи, где руда или металл подвергаются воздействию пламени. Когда на металл или золото воздействует высокая температура, они становятся мягкими и пригодными для формовки во что-то новое.

Господнем во все дни моей жизни, созерцать красоту Господню и размышлять в Его храме.

Псалом 26:3-4, выделение автора

Посреди войны, разрушений и смятения псалмопевец настроил свое сердце к тому, чтобы пребывать в Божьем присутствии и созерцать Его. Это было его стремлением и всем, что действительно имело для него значение. Представьте, он был царем нации, которую теснили отовсюду, список его дел и обязанностей был длиннее, чем у кого-либо из нас, однако, несмотря ни на что, его единственной и самой важной целью было пребывание в Божьем присутствии. Это было то убежище, в которое он помещал себя.

Полное присутствие

Подобно Давиду, который настраивал свое сердце на одно, что действительно важно, Иисус позднее говорил о том же, когда Его приняли в доме Марии и Марфы:

По пути Иисус с учениками пришли в одно селение. Там женщина, по имени Марфа, пригласила Его в свой дом. У нее была сестра, которую звали Мария. Мария сидела у ног Иисуса и слушала, что Он говорил. Марфа же была занята приготовлением обеда. Она подошла к Иисусу и сказала:
— Господи, Тебе нет дела до того, что моя сестра оставила всю работу на меня одну? Скажи ей, чтобы она помогла мне!
— Марфа, Марфа, — ответил Господь, — ты тревожишься и заботишься о многом, а нужно ведь *только одно*. Мария выбрала лучшее, и это у нее не отнимется.

Луки 10:38-42, выделение автора

«Нужно ведь только одно», — сказал Иисус, то есть сидеть у Его ног. Самое трудное для многих заключается не в выборе между хорошим и плохим; оно в выборе между хорошим и важным, когда перед нами представлены два достойных варианта. Мария выбрала лучшее, отложив все прочие хлопоты, чтобы остаться поглощенной Иисусом, когда Он был рядом. Марфа занялась благородным делом, стараясь послужить Ему. Однако Иисус не хотел в тот момент, чтобы Ему служили; Он хотел внимания, личных отношений. Служение в данном случае отвлекало от общения с Ним.

Важно понимать разницу между тем, когда нужно служить и когда нужно отпустить все и просто пребывать в Его присутствии. В Божьем присутствии будут моменты покоя и будут моменты, когда Он станет высылать вас из Своего присутствия, чтобы действовать[29]. Нет ничего плохого в желании Марфы почтить Иисуса, постаравшись для Него в служении. Но в этом конкретном случае лучшим вариантом было сидеть у ног Иисуса, как это сделала Мария. Самым важным было быть вместе и наслаждаться присутствием Иисуса.

Когда Иисус с нами, Он хочет, чтобы мы отпустили все остальное. Служение, планирование, подробности, расписание и подготовку можно отложить, когда Он приходит к нам. Когда Иисус приближается, Он заслуживает нашего полного внимания. Если мы полностью присутствуем перед Богом (не только наше тело, но и наше полное внимание), Он будет полностью присутствовать с нами.

---

[29] Два примера, когда Господь призвал Моисея и Иисуса Навина действовать, а не просто взывать к Нему, это Исход 14:15-18 и Иисуса Навина 7:10-15.

Азуза

В начале пробуждения на Азуза-стрит в 1906 году люди собирались с одним намерением — искать Самого Бога[30]. Их единственной целью была встреча с Ним. Свидетель и историк этого пробуждения Фрэнк Бартлман говорил, что собрания «не заканчивались ровно в 9 часов, как делают нынешние проповедники, чтобы удержать людей в церкви. Нам в те дни нужен был Бог. У нас не было тысячи других желаний, которые мы высказывали бы перед Ним»[31]. Тому поколению приходилось бороться с «тысячей других вещей», которые могли отвлекать их внимание от Иисуса. Сейчас у нас есть гораздо больше отвлекающих факторов и вариантов для выбора, и нам нужно сказать «нет» «миллиону других вещей», чтобы сказать «да» Иисусу.

Интересно, каково это — не иметь «тысячи других желаний» перед Богом? Когда все другое уходит на второй план, у нас есть только Иисус. Но что делать, когда жизнь вокруг нас бурлит? Что делать, когда перед нами миллион задач и вариантов, которые конкурируют за наше внимание, крича: «Выбери меня, возьми меня!» Куда, как и к кому мы бежим, когда бури проникают в наши умы, сердца и жизни? Остается

---

[30] См.: Jennifer A. Miskov with Heidi Baker, Lou Engle, and Bill Johnson, *Ignite Azusa: Positioning for a New Jesus Revolution* (Redding, Calif. : Silver to Gold, 2016), 45.

[31] Frank Bartleman, *How Pentecost Came to Los Angeles: As It Was in the Beginning*, 2nd ed. (Los Angeles : Frank Bartleman, 1925), 39; теперь доступно по ссылке Frank Bartleman, *How Pentecost Came to Los Angeles* (Grand Rapids : Christian Classics Ethereal Library), 102, доступно на 25 января 2016 года, http://www.ccel.org/ccel/bartleman/los.pdf. «В одно воскресенье вечером зал был переполнен, и собравшиеся даже заполнили улицу до середины. Однажды утром я пришел в зал, чтобы найти людей, которые не пошли домой. Несколько человек провели там всю ночь. Я обнаружил, что они были поглощены лишь Богом. Они не могли уйти. Божественная слава, Шехина, наполнила это место. Это внушало страх и великолепие».

ли Иисус по-прежнему в центре нашего внимания, когда у нас миллион других вариантов, к которым мы тоже можем обратиться? Стоит ли подвергать себя большей опасности ради пребывания с Ним? Каким будет огонь пробуждения, если наше поколение скажет «нет» миллиону вещей, чтобы сказать «да» только одному? Какой станет жизнь вокруг, если все наше внимание мы будем посвящать Иисусу?

Сосредоточить внимание

Миссионерка Лилиас Троттер жила целенаправленной жизнью. Она много служила людям в Африке, не знающим Евангелия. Ее собственная жизнь буквально переплелась с их культурой и повседневной жизнью. Однажды, вернувшись с очередной поездки, она написала короткую историю и песню, которые позднее вдохновили Хелен Х. Леммел (*Helen H. Lemmel*) на написание песни поклонения «Взор обрати к Иисусу» (*Turn Your Eyes upon Jesus*) в 1922 году. Приготовьте свое сердце к принятию этого мощного послания от Лилиас Троттер.

Сосредоточить внимание: история и песня

Это случилось в небольшом лесу ранним утром. Солнце поднималось за крутым обрывом на востоке, и его свет больше и больше заливал все вокруг, образуя солнечные лужайки среди деревьев. Внезапно из темного угла пурпурных стеблей и тающего мха показалась золотая звездочка. Это был всего лишь одуванчик, наполовину увядший, но он был полностью обращен к солнцу и удерживал в себе все славное сияние, на которое мог претендовать. Он сверкал так ярко, что роса, лежащая на нем, создавала идеальный ареол вокруг его головки. И он, казалось, говорил, стоя там, — говорил о том, что какая бы у нас ни была жизнь, ее можно наполнить благом.

Ибо если Солнце Правды взошло в наших сердцах, то вокруг нас разливается океан благодати, любви и силы. В этом океане все земное сияние становится лишь каплей, и он готов преобразить нас, как солнечный свет преобразил одуванчик, при условии, что мы обращаем взор к Богу.

Собранные, сфокусированные жизни, направленные на одну цель — Христа, — вот на что Бог может излить благословение. Это «все во всем» по такому же неизменному закону, как законы материальной Вселенной.

Мы видим этот принцип в научных тенденциях; телефон и беспроводные технологии в области звука, использование радия и ультрафиолетовых лучей в области света. Все они работают, собирая в фокус токи и волны, которые, будучи рассеянными, не могли бы нам служить. В каждой области знаний и труда нынешнего времени тенденция направлена в сторону специализации — избрания одного направления и следования ему до конца.

И сатана хорошо знает силу сосредоточенности; если душа может поддаться вдохновению заняться только одним делом, он направит все свои усилия, чтобы вызывать иные интересы, способные разрушить эту собранную воедино силу.

И вот они лежат вокруг нас, эти интересы. Никогда раньше не было так просто жить в дюжине хороших безобидных миров одновременно — искусство, музыка, социальные науки, игры, автомобили, следование какой-то профессии и так далее. И мы рискуем хвататься то за одно, то за другое, «хорошее», «лучшее», более «эффективное», иногда это откровенные пустяки, глубоко опечаливающие своей бессмысленностью.

Нам нужно определить, сосредоточены ли наши жизни, и если да, то на чем. На что обращены наши мысли, когда мы просыпаемся утром? К чему они возвращаются, когда нас не давит дневная суета? Не дает ли такая проверка ключ к разгадке? Тогда попросите Бога испытать ваше сердце — ведь это самый короткий путь. Откройте перед Ним всю свою жизнь и подноготную и попросите показать, сосредоточена ли ваша жизнь полностью на Христе и Его славе. Согласитесь с тем фактом, что, как бы хорошо и полезно это ни выглядело, рассеянное внимание в конечном счете не принесет плода.

Что значит быть сфокусированным или сосредоточенным? Это означает сделать две вещи: собрать все, что можно собрать, и отбросить все остальное. Работа любой линзы — микроскопа, телескопа, фотоаппарата — наглядно вам это покажет. Хрусталик вашего глаза — такая же ясная линза, как другие. Посмотрите на оконные решетки, и то, что за ними, становится всего лишь тенью; посмотрите сквозь них вдаль, и эти решетки становятся призрачными. Вы вправе выбирать, на чем сосредоточить взгляд, а все остальное отпустить.

Готовы ли мы разделить сферы нашей жизни, подобно разделению в давние времена при взятии Иерихона между тем, что могло быть пронесено через огонь освящения в «сокровищницу Господню», и тем, что, не выдержав огня, должно быть уничтожено? Все наши цели, все амбиции, все желания, все стремления — осмелимся ли мы отказаться от них, если их нельзя четко и ясно свести в одно и сосредоточить только на одном, что действительно важно?

Но не сделает ли это нашу жизнь узкой? В некотором смысле да — подобно горной тропе, которая сужается, и нам все более нужно заботиться о том, куда поставить ногу. Однако всегда, чем более узкой она становится, тем более широкий вид открывается нам и воздух становится чище. Узкий путь, путь Христа — вот наше стремление; узкий в том, что касается самолюбия, но широкий в отношении Божьей любви ко всему окружающему. Стоит ли этого бояться?

И через это разделение и силу сосредоточенности будет прокладываться канал для Божьей силы — как поток, зажатый между камнями, который переходит в источник; как линза, собирающая лучи в силу, способную разжечь огонь. Это стоит того, когда для нас жизнь — Христос.

Как мы настраиваем фокус в сфере оптики? Попробуйте не смотреть по сторонам, а сосредоточить внимание на одной точке, которую нужно выделить.

Обратите всецело свое душевное внимание на Иисуса и постоянно смотрите на Него, тогда все остальное, что к Нему не относится, рассеется и Божья красота овладеет вами. Он достоин всего вашего сердца, всей вашей жизни, за которую Он отдал Свою жизнь[32].

Восстановление внимания

Обратить свой взор на Иисуса и держать внимание на Нем — одна из наиболее плодотворных дисциплин, которые мы можем предпринять. В Псалме 45:11 написано: «Остановитесь, познайте, что Я — Бог...» Остановиться и замереть в

---

[32] Miriam Rockness, "Out-of-print Manuscripts," Lilias Trotter (блог), доступно на 4 октября 2016 года, https://lilliastrotter.wordpress.com/out-of-print-manuscripts/. См. также книгу Miriam Huffman Rockness and Tim Ladwig "Turn Your Eyes Upon Jesus: A Story and A Song" (Oxvision Books, 2018), которая рассказывает о происхождении этой песни. Слово «красота» (*attrait*), использованное Троттер в конце этого отрывка, является французским термином, используемым в значении «привлекательность», и Лилиас постоянно использовала его в своих произведениях. Ее песня заканчивается следующей цитатой из стихотворения Герхарда Терстегена:

Не есть ли в каждом сердце страсть, мечта,
Стремление иметь родную душу,
И серебристый луч в печальных облаках,
И радость мимолетная, как свет морозный в стужу,
И посох, странника опора, хоть хрупка,
И милое лицо, несет что ободренье?
А у меня что есть? Любви река,
Восторг, и слава, и успокоенье,
И жизнь, что льется, словно песня на заре,
Возлюбленный мой, все это в Тебе!

непрерывной тишине — отличный способ, чтобы восстановить внимание и направить свой взор на Иисуса, позволив исчезнуть из нашей жизни всему, что отвлекает от Него. Когда мы прислушиваемся к Его голосу нам легче заглушить все внешние голоса.

Часто я начинаю свою проповедь с продолжительного периода молчания, чтобы сосредоточиться на Иисусе. Это помогает мне услышать Его сердце, пребывать в Его присутствии и ждать, когда на меня сойдет Его помазание. Это также иногда заставляет людей чувствовать себя очень неудобно, потому что Бог начинает устранять препятствия для Своего присутствия. Снова и снова, когда мы сосредоточиваем внимание на Иисусе и приглашаем Духа Святого прийти, Божье присутствие вторгается в помещение так, что это можно сравнить только с очищающим огнем. Облако Его присутствия наполняет пространство, и люди, один за другим, начинают плакать. Они, окруженные любовью Отца, наконец, успокоились настолько, что глубокие внутренние проблемы начали выходить наружу. Бог проявляется посреди их боли и начинает исцелять их прямо тут же, часто даже без того, чтобы кто-то возлагал руки на них. В другие моменты, в тишине перед Ним, люди слышат Господа, получают творческие идеи или даже находят решения своих проблем.

В тишине, когда все внимание на Нем, есть что-то особенное, что поднимает людей от житейской суеты и возвращает к одному только важному.

АКТИВАЦИЯ:
Остановитесь и познайте

Проводите от пяти до пятнадцати (или больше) минут в тишине каждый день на этой неделе, сфокусировав взгляд на

Иисусе и наполняясь Его присутствием. Если хотите, то добавьте к этой практике чтение, размышляйте над 26-м Псалмом. Пригласите Духа Святого сойти и почивать на вас. Пусть Божий огонь сжигает все, что может отвлечь вас. Проводите время, слушая Его сердце. Наслаждайтесь этими моментами. Молчание и ожидание от Бога — утраченное искусство и поначалу будет сложным, но с практикой становится проще[33]. Помните, что ваша единственная цель в эти моменты — быть с Иисусом и наслаждаться Его красотой; не молиться, не искать прорыва или чего-то еще. После этого (не во время) сделайте запись в дневнике о том, что вы чувствовали и что Бог показал вам за это время.

Выделите время, чтобы просто быть с Иисусом без какой-либо другой цели, а я молюсь, чтобы у вас происходили личные встречи с Ним лицом к лицу. Я молюсь о большой благодати в вашей жизни, принять время в тишине как подарок. Пусть Божий огонь сойдет на вас и сожжет все, что вас сдерживает, чтобы быть полностью поглощенными Его присутствием. Пусть Божья любовь побудит вас всегда обращать свой взор на Иисуса.

---

[33] Если вам нужна небольшая помощь, то можно начать с практики центрированной молитвы (*The Centering Prayer*). Она сосредоточена в основном вокруг созерцательного (контемплативного) аспекта монастырской молитвенной практики, известного как «Божественное чтение» (*Lectio Divina*), в котором подчеркивается необходимость прямого общения и поглощения Богом. Это практика всецелого присутствия перед Богом без перерывов или отвлечений. См.: "Centering Prayer," Contemplative Outreach, https://www.contemplativeoutreach.org/centering-prayer-method/, доступно на 6 октября 2023 года. См. также книгу Томаса Китинга «Открытый ум — открытое сердце» (Thomas Keating, *Open Mind, Open Heart, 20th Anniversary Edition* [London: Bloomsbury, 2006], 11), который пишет, что «созерцательная молитва — часть созерцательной жизни. Первое — это практика или серия практик, приводящих к состоянию постоянного союза с Богом. Термин "созерцательная жизнь" означает постоянное пребывание в соединении с Богом, в котором человек постоянно и непрерывно побуждается к молитве и действию, под влиянием Духа. Центрированная молитва — начало процесса, ведущего к соединению с Богом. Основа молитвы — внутреннее молчание».

7
Безраздельное внимание

В предыдущей главе мы говорили о том, как важно не сводить глаз с Иисуса и как утраченное искусство молчания (пребывание в тишине) может действовать на нас как очищающий огонь, помогающий снова сфокусироваться на Нем. Из этой главы вы узнаете о влиянии фокуса / сосредоточенности, почему враг пытается отвлечь вас от Иисуса и друг от друга, как устранить отвлекающие факторы, чтобы лучше общаться с Иисусом и с окружающими вас людьми.

Отвлечь

«...Петр вышел из лодки и пошел по воде к Иисусу. Но, увидев, как сильно дует ветер, он испугался и, начав тонуть, закричал: — Господи, спаси меня!» (Матфея 14:29-30).

Как только Петр отвел взгляд от Иисуса, он начал тонуть и перестал творить невозможное. Он позволил страху перед бурей отвлечь его внимание от Иисуса. Более того, Петр сосредоточился на том, что не было видно. Ведь ветер на самом деле не виден; мы видим только его проявление вокруг нас. Ветер, вызвавший бурю, соперничал за внимание Петра и отвлекал его от самого главного. Он отвел свой взгляд от Иисуса, Который есть Истина, и сосредоточился на лжи, как будто его обстоятельства обладают большей силой, чем Иисус.

Кажется, что на наше поколение обрушены атаки с целью отвлечь наше внимание от Иисуса. Слишком много отвлекающих факторов, вариантов, образов и других вещей борются за наше поклонение, предназначенное только для Иисуса. Ложная любовь к другим вещам заменяет нашу глубочайшую потребность соединиться с Богом Вселенной и друг с другом. Одной из причин, по которой враг настойчиво использует все эти отвлекающие факторы по одной причине: когда наше внимание полностью на Иисусе, мы начинаем делать невозможное, подобно Петру. Наши сердца становятся непроницаемыми, потому что мы становимся одно с Богом. Я верю, что Бог призывает это поколение к тому, чтобы восстановить внимание и иметь более пристальный взгляд, чем он у нас был до сих пор.

Пост в отношении социальных сетей

Летом 2016 года я решила взять пост в отношении социальных сетей. Я хотела отключиться, восстановить внимание и начать размышлять о том, что Бог готовит для меня в предстоящее время. Я хотела вернуться к основе своей индивидуальности и снова стать минималисткой. Молчание — один из моих языков любви; я люблю сидеть часами у озера и просто размышлять. Однако, будучи привязанной к социальным сетям, я разрывалась между красотой вокруг меня и ложным чувством, которое испытывала, просматривая соцсети. Я хотела, чтобы мои мысли стали чистыми, незапятнанными и более глубокими, без влияния социальных сетей.

Также я готовилась погрузиться в написание этой книги, размышляла о том, как писали книги другие авторы, такие как мадам Жанна Гийон или Джейн Остин, — долгими днями, преимущественно в молчании, тихом окружении и с временем, посвященным глубоким размышлениям. Я хотела, чтобы книга была глубоким источником, а не чем-то отрывочным, импульсивным, поверхностным или пустышкой в яркой обложке. Я чувствовала, что в моем сердце есть скрытые глубины, которые могла бы более полно исследовать. Я знала: чтобы погрузиться глубоко в этом путешествии, мне нужно было избавиться от отвлекающих моментов.

Признаюсь, что до решения взять пост от социальных сетей я регулярно просматривала их в течение дня и даже вечером, тратя на это кучу времени. Просмотр новостных лент, историй и страничек других людей вели к тому, что я становилась более импульсивной, чем когда-либо. Моя зависимость от социальных сетей начала изменять даже мой образ мышления, заставляя меня думать короче. Вместо глубоких разговоров и общения с людьми в реальном времени я часто отвлекалась, хотела проверять свои аккаунты. Я не могла сидеть спокойно без того, чтобы эта зависимость не тянула меня во «взаимодействие» с виртуальным миром. Это были американские горки, с которых я не могла сойти.

Доктор философии Кэролайн Лиф, работавшая в области когнитивной нейронауки, написала книгу «Включите свой мозг» (2013)[34]. В своих исследованиях она показывает, что одновременное выполнение множества задач, особенно в отношении социальных сетей, приводит к увеличению уровней стресса, депрессии, поспешного мышления и импульсивных

---

[34] Русский перевод: Лиф, Кэролайн. *Включите свой мозг: Способ стать умным, счастливым и здоровым.* К. : Брайт Букс, 2017. — *Прим. переводчика.*

решений. Это также приводит к необдуманным бесполезным покупкам, задолженности по кредитным картам и перееданию. Использование социальных сетей стало сегодня такой же зависимостью, как употребление алкоголя и наркотиков[35].

Проблема заключалась в том, что моя зависимость от социальных сетей владела мной, вместо того чтобы служить средством для выражения моих ценностей. Однажды утром, общаясь с Иисусом у озера, я почувствовала внезапное желание деактивировать свои аккаунты в социальных сетях, чтобы полностью избавиться от этой зависимости и все внимание опять обратить на Него. Я не осознавала, что совершение такого маленького действия может стать в моей личной жизни революционным поступком, идущим вразрез с представлениями окружающих.

Первую неделю после отказа от социальных сетей я испытывала чувство отчужденности. Такой пост заставил меня понять, что каждый раз, когда я просыпалась, испытывала стресс, ходила в ванную, была одна или даже в окружении людей, у меня появлялось сильное желание проверить свои аккаунты, просто по привычке. Я не осознавала, насколько моя жизнь находилась в плену у этой зависимости. Во время поста мне пришлось учиться перестраивать свое мышление. Я начала жить и наслаждаться жизнью, но как я могла бы поделиться этими переживаниями со своими друзьями? Я не могла разместить фотографии своих эпических серфинг-приключений на Бали или своего новорожденного племянника, которого впервые встретила в Таиланде. Вместо того чтобы размещать фотографию для всеобщего обозрения, мне нужно было решать, как и с кем я буду делиться этими переживаниями. Пост

---

[35] Лиф, Кэролайн. *Включите свой мозг: Способ стать умным, счастливым и здоровым.* К. : Брайт Букс, 2017, с. 99-109.

помог мне переориентироваться и сфокусироваться. Он заставил меня стать более предусмотрительной в отношении того, с кем я хотела делить свою жизнь и кого я хотела пригласить глубже в свое сердце.

Свобода от зависимости

За время этого поста я поняла одну вещь: я освободилась от желания проверять свой аккаунт каждые пять минут после публикации, чтобы увидеть, кто ее лайкнул или прокомментировал. Я начала полностью присутствовать в разговоре с человеком, находящимся рядом со мной, а не проверять, какой из тысяч моих «друзей», которых не было рядом в тот момент, ответил на один из моих постов.

Во время поста я наслаждалась более простой и сфокусированной жизнью. Я чаще вела дневник, больше времени проводила на свежем воздухе, наслаждалась летом с друзьями, восходила на горы и вела более глубокие разговоры, не отвлекаясь. Я снова связалась с друзьями со всего мира, с которыми не общалась более года. Я читала больше книг, больше времени проводила с семьей и давала своему сердцу ощутить происходящее на более глубоком уровне. Я проводила генеральную уборку, избавляясь от беспорядка в своем доме и, похоже, в своей жизни также. Я стала более сосредоточенной на Господе и молилась чаще. Я научилась быть открытой и уязвимой, находиться в неудобном положении и оставаться с людьми вместо того, чтобы постоянно убегать в телефон.

Этот пост также помог мне многое переоценить и установить здоровые границы по возвращению в социальные сети, теперь я могла ограничить себя от постоянного проникновения слов, видео и фотографий из жизни других и начать жить своей жизнью более полно в настоящий момент. Я хотела, чтобы мое отношение к социальным сетям было животворным как для меня, так и для всех моих «друзей». Социальные сети могут стать прекрасным инструментом, позволяющим эффективно свидетельствовать, вдохновлять людей и делиться своим сердцем с миром. Я хотела убедиться, что, когда вернусь туда, то буду целенаправленной и стану использовать социальные сети как благословение, а не позволять им брать под контроль мою жизнь.

Жизнь слишком коротка, чтобы тратить ее, постоянно глядя в телефон. Устранение отвлекающих моментов из моей жизни в тот период помогло мне сфокусироваться и переопределить направление, которое я собиралась избрать. Есть нечто прекрасное в том, чтобы позволить Богу устранить все отвлекающие факторы, мешающие увидеть Его больше. После того как зависимость была сломана, мне нужно было заменить ее чем-то животворным.

Чтение книг, запоминание текстов Писания и внимательное отношение к другим людям были отличным началом. Поклонение было одним из лучших способов для меня сфокусироваться и полностью погрузиться в присутствие Бога. Игра на пианино и даже молитва с другими поддерживали во мне ответственность держать взгляд на Нем и пребывать в Его присутствии. В целом, в результате поста я обрела большую свободу и мир и возросла в способности уделять безраздельное внимание людям, среди которых находилась.

Матрица

В процессе размышления во время поста от социальных сетей я вспомнила фильм «Матрица» (1999). Чем дольше я была вне социальных сетей, тем свободнее себя чувствовала и тем больше сознавала, насколько была порабощена. Я чувствовала себя, практически как в сцене в «Матрице», когда

Нео предложили выбор между красной и синей таблеткой. Синяя таблетка оставляла все, как есть, и он мог продолжать существовать, не осознавая реальности, лежащей за его жизнью. Красная таблетка разбудила бы его, буквально открыв глаза на то, что в действительности происходит в обществе, которое еще не проснулось к осознанию того, кто они на самом деле.

Во время этого поста я ощущала, будто приняла «красную таблетку». Я освободилась от своей зависимости и снова начала жить настоящей жизнью. Освободившись от импульсивного стремления проверить телефон и социальные сети, я стала замечать, сколько людей пленились иллюзией, что это поверхностное общение может заменить настоящее, глубокое сердечное общение, ради которого мы рождены. Когда я находилась в общественных местах, меня удивляло то огромное количество людей, которые привязаны к своим мобильным устройствам. Много раз, находясь на ужине с друзьями, замечала людей вокруг нас, сидящих друг напротив друга за столом, но фокусирующихся на своих телефонах вместо того, чтобы общаться вживую.

Если бы у нас действительно была возможность посидеть наедине с Иисусом за чашечкой кофе, интересно, сколько из нас могли бы бросить все и полностью присутствовать с Ним. Сколько из нас смогли бы противостоять навязчивому побуждению проверить свои аккаунты и посвятить внимание Сидящему напротив нас? Как долго мы могли бы просто сидеть с Иисусом, прежде чем почувствовать побуждение проверить свои телефоны?

Почему нас атакуют?

Согласно 1 Тимофею 6:10, корнем всех зол является любовь к деньгам — не деньги сами по себе, а любовь к ним. Фактически деньги должны служить средством для распространения Царства Божьего. Точно так же и социальные сети не являются нашим врагом. Но враг использует даже потенциально хорошие вещи, чтобы отвлечь нас от Божьих намерений. На наше поколение обрушена атака с целью похитить наше внимание. У врага есть план, и он использует любые отвлекающие факторы и суету в нашей жизни, чтобы оторвать нас от Иисуса.

Продолжая размышлять об этой атаке и войне за то, чтобы удержать сердца и умы отвлеченными от «одного только», я начала задаваться вопросом: «*Почему?*» Почему враг так сильно пытается увлечь нас в отчужденность и изоляцию? Какие великие дела Бог желает совершить среди нас, которые требуют единства, сосредоточенности, согласия друг с другом и полного внимания? Что произойдет, если люди снова будут доступны друг для друга?

Отвлечения мешают нам сфокусироваться на единственно важном и изолируют нас друг от друга. Они также могут помешать нам собираться вместе и согласовывать наши жизни с предназначением нести свет в самые темные места. Внимание на Иисусе помогает воспламенить Божий огонь и быть светом в темноте. В единстве, внимании и согласии друг с другом есть нечто могущественное. Когда группа людей может сфокусироваться и работать вместе над тем, к чему их призвал Бог, это меняет жизни и влияет на поколения.

Я верю, что Бог воздвигает новое поколение революционеров, которые скажут «нет» мирским соблазнам и будут жить, не сообразуясь с этим миром. Бог призывает нас к более глубоким отношениям с Ним и друг с другом. У Него есть Божественные стратегии и цели для каждого из нас, сокрытые в глубинах Его сердца и внутри нас. Единственный способ доступа к ним — углубиться в отношения с Ним и друг с другом.

Это потребует качественно проведенного времени, открытости и внимания без отвлеченности.

В наших сердцах есть глубина и такие места, в которые Бог хочет войти, если мы Ему позволим. Для этого нужно устранить все, что отвлекает, и полностью направить внимание на Него. Это означает готовность чувствовать дискомфорт, сидеть в неловком молчании и ожидать. Будут моменты, когда мы ничего не будем чувствовать, захотим уйти, заняться делом, проверить телефон и сообщения. Нам нужно научиться успокоиться и оставаться в Его присутствии. Нам надо продолжать бороться за глубокое и настоящее общение Богом и с другими. И я вас заверяю, оно того стоит!

АКТИВАЦИЯ:
Полностью присутствовать

В предыдущей главе мы начали практиковать тишину в общении с Богом. Сегодня я хочу задать вам следующий вопрос: когда вы в последний раз по-настоящему полностью присутствовали с человеком, сидящим перед вами?

Вот несколько заданий, которые помогут вам развивать полное присутствие не только с Богом, но и окружающими вас людьми.

1. Сходите на ужин или попейте кофе с другом и при этом выключите свой телефон. Постарайтесь поддерживать зрительный контакт дольше, чем раньше. Больше слушайте и попробуйте понять сердце другого человека. Найдите слова поддержки и почему, почему ваш друг важен для вас. Будьте более открытыми с этим человеком, чем раньше.

2. Отдохните недельку от своих аккаунтов в социальных сетях или от любой другой зависимости, которую Бог открыл вам, когда вы читали эту главу. Цель поста от еды, социальных сетей или чего-либо другого в том, чтобы мы могли лучше насыщаться Иисусом. Доктор Лиф в своей книге «Включите свой мозг» объясняет, как тренировать и перепрограммировать свой мозг через мышление, когда мы выбираем на чем заострять внимание и о чем размышлять. Она пишет, что то, на чем мы целенаправленно сосредоточиваем внимание, может формировать наш мозг, сердце, тело, отношения и поступки. Внимание на Иисусе и размышление над Его Словом в действительности может принести в жизнь больше здоровья и счастья[36].

В свете этих открытий каждый раз, когда у вас появляется желание проверить свои аккаунты, прочтите вместо этого стихи из Библии, помолитесь за кого-то или начните петь и поклоняться. Начните питать свою душу и дух по-новому.

В течение этого времени насколько часто вы чувствовали побуждение проверить телефон или другое устройство? Какие изменения вы внесли в свою жизнь на этой неделе? Что вы узнали о себе? Какие границы вы хотите установить для себя при возвращении в социальные сети? Какими будут ваши приоритеты и цели при использовании социальных сетей после возвращения?

Запишите ваши ответы в дневник и представьте пред Господом все вопросы, которые возникли. Просите Его о том, чтобы Божий огонь продолжал очищать вас и восстанавливать воедино ваше сердце.

---

[36] Лиф, Кэролайн. *Включите свой мозг: Способ стать умным, счастливым и здоровым*. К. : Брайт Букс, 2017, с. 99-109.

8
Движение вперед

Петр удерживал взгляд на Иисусе, поэтому двигался вперед и продолжал совершать невозможное. Каждый раз, приближаясь к Иисусу, мы способны осуществить свое предназначение, а также защитить себя от того, чтобы нам не утонуть.

Мы все куда-то движемся; вопрос лишь в том, в каком направлении. Когда израильтяне стояли перед выбором завоевать обетование и унаследовать землю, вместо того чтобы выбрать смелость, они избрали страх. Вместо того чтобы идти к изобилию, которое Бог им приготовил, они решили вернуться назад в землю своего рабства. Они даже готовы были оставить уже завоеванные территории (см.: Числа 14)[37].

Когда перед нами стоит выбор, движение вперед жизненно важно для воплощения невозможного; это вопрос жизни и

---

[37] См. также книгу Jennifer A. Miskov, *Silver to Gold: A Journey of Young Revolutionaries* (Birmingham, U.K.: Silver to Gold, 2009), где в форме аллегории рассказывается об унаследовании земли обетованной Иисусом Навином и Халевом.

смерти, влияющий на нашу судьбу. Здесь не может быть компромиссов. Апатия — это убийца. Того, кто стоит на месте, когда его зовут приблизиться, можно легко увлечь во тьму еще большую, чем раньше. Царь Езекия полагался на Господа, твердо держался за Него и «неотступно следовал за Ним». Из-за постоянного стремления к Богу: «...Господь был с ним: он преуспевал во всем, за что бы ни брался...» (4 Царств 18:7). Ваш выбор держать взгляд на Иисусе и двигаться к Нему защитит от соблазнов плоти. Как только мы отвлекаемся, сомневаемся, останавливаемся и теряем фокус, обращая внимание на бурю вокруг нас, мы начинаем тонуть. Вот почему важно продолжать стремиться к Иисусу при любых обстоятельствах. Если мы это делаем, мы под Его покровом осуществляем свое Божественное предназначение и переходим от славы к славе.

Вы замечали, что в описании всеоружия Божьего в Эфесянам 6:10-17 отсутствует защита для спины? Мы побеждаем врага, когда движемся вперед, атакуем. Если поворачиваем назад, мы не защищены. Самое безопасное место — именно там, куда ведет нас Бог, не важно, находится ли это в зоне войны, в далекой стране или посреди моря. Движение вперед не дает нам утонуть в бурях и позволяет сотрудничать с Богом для совершения невозможного.

Ходить в Духе

Слово, переведенное как «пошел», используемое в Матфея 14:29, когда Петр шел по воде, это греческое слово *peripateo* (перипатео). Оно означает образ жизни. Другими словами, пойдя по воде, Петр буквально вошел в другое измерение власти и владычества над законами природы, что и Иисус. Когда мы идем по стопам Иисуса, то принимаем Его приглашение жить жизнью, наполненной силой. В Галатам 5:16 также ясно говорится, что, когда мы ходим в Духе, то не будем исполнять вожделения плоти. Когда мы наполнены Иисусом и Его Духом, у нас не будет пустоты, которую мы пытаемся заполнить чем-то иным.

Ходить в Духе, внимание на Иисусе и совершение добрых дел, которые Бог нам предназначил (см.: Эфесянам 2:10), являются ключевыми элементами жизни с избытком и сохраняют нас от греха. Царь Давид испытал это на собственном горьком опыте, когда не стал выполнять своего предназначения в определенное время года. «Весной, когда цари идут на войну, Давид послал Иоава со своими приближенными и всем израильским войском, и они нанесли поражение аммонитянам и осадили их главный город Равву. Давид же оставался в Иерусалиме» (2 Царств 11:1). Не став принимать участия в битве, он заскучал, и у него появилось слишком много времени для размышлений о другом. Закончилось это тем, что он совершил прелюбодеяние с Вирсавией, а позже убил ее мужа. Если бы он был на войне в то время, как положено царям, то не попал бы в это искушение. Остановившись в своем предназначении, Давид уступил похоти плоти.

Помню период в своей жизни, когда мне было чуть больше двадцати и я не стремилась к Господу или к исполнению своего призвания с полным посвящением. Глубоко внутри я знала, что рождена, чтобы проповедовать Слово Божье. Я неоднократно получала пророческое слово, подтверждающее это, но Бог не открывал мне двери для осуществления этого, и я не знала, что делать и куда идти дальше. Я поддалась разочарованию. Я практически отказалась от мечты проповедовать и вместо этого начала жить «нормальной» жизнью. Вскоре я отвлеклась от истины, что мое призвание — нести пробуждение, и погрузилась в уныние, потому что этого не происходило в моей жизни.

В тот тяжелый период моей жизни я перестала проповедовать и наставлять женщин, для чего, как знала, я была предназначена. Я также прекратила стремиться к Иисусу в трудные моменты, потому что знала, что, сделав шаг и приблизившись к Нему, придется что-то менять. Мне было трудно открыть Ему уязвимые места в моем сердце, и начала тонуть в буре разочарования, сомнений и путаницы.

Поскольку я не стремилась к Иисусу всем сердцем, не росла в Духе и своем предназначении, я начала делать неправильный выбор. Одно маленькое решение за другим привело к тому, что мое сердце стало разлагаться. Для человека, который знал, что предназначен быть посвященным и нести пробуждение народам, подобные небольшие отклонения легко могли перерасти в компромисс и разрушительный образ жизни. Я отказалась от своих мечтаний и позволила мирским вещам заполнить внутреннюю пустоту. Я все еще ходила с Богом, но перестала гореть для Него.

Думаю, у всех нас были подобные периоды, когда все шло не так, как мы надеялись или предполагали. Иногда мы поддаемся мирским искушениям, сдаемся и приспосабливаемся к теплому состоянию. Но есть сила в том, чтобы вновь обратить свой взгляд на Иисуса и приблизиться к Нему, после чего все встает на свои места. Мы призваны в усердии не ослабевать. Иисус хочет научить нас тому, чтобы мы не сводили взгляда с Него и не переставали приближаться к Нему.

Бегите с настойчивостью

Помимо хождения в Духе, Бог призывает нас с настойчивостью бежать предстоящее нам поприще, не сводя глаз с Иисуса. В Послании к Евреям написано:

> Посему и мы, имея вокруг себя такое облако свидетелей, свергнем с себя всякое бремя и запинающий нас грех и с терпением будем проходить предлежащее нам поприще, взирая на начальника и совершителя веры Иисуса, Который, вместо предлежавшей Ему радости, претерпел крест, пренебрегши посрамление, и воссел одесную престола Божия.
>
> Евреям 12:1-3, Синодальный перевод

Когда мы всем сердцем стремимся к Иисусу и призванию Божьему для нашей жизни, то находимся в безопасности посреди бурь и обретаем силу творить невозможное. Внимание на Иисусе и посвященный Ему образ жизни ускоряют наше движение в направлении своего предназначения. Мы приобретаем еще больший импульс, когда избавляемся от того, что нас отягощает.

Чем меньше всякого бремени мы тянем, тем быстрее и дальше будем продвигаться. В каждом сезоне есть Его бремя, которое Бог предназначил для нас. То, что наполняло нас жизнью в один период, не обязательно будет животворным в следующий. Среди множества вариантов, на что потратить свое время и в какие отношения инвестировать, важно различать сезон, в котором мы находимся, и выстраивать свою жизнь, расписание и отношения в соответствии со своим предназначением. Иногда то, на что распространяется Божье помазание в одном периоде, не будет распространяться в следующем.

Когда я писала эту книгу, передо мной было много других прекрасных вариантов, куда инвестировать свое время. Один из них — приглашение преподавать в школе служения в нашей церкви, что я считала своим призванием. Составляя график на предстоящий сезон, я смотрела на все варианты, возможности и приглашения и чувствовала перегрузку и стресс, понимая, что теряю фокус. Все возможности были хорошие, но я знала, что не смогу реализовать каждую из них качественно в одно и то же время. Хорошее часто является врагом лучшего. Мне пришлось разделить, какие из этих возможностей были золотом, которое Бог доверил на то время, а какие — серебром. И лишь потому, что некоторые из них были серебром в одном сезоне, не означает, что они не могли превратиться в золото в другом.

Я столкнулась с трудными решениями. Помню разговор со своим духовным отцом Марком Бруксом, который помогал управлять школой служения. Он тоже понимал, что я не смогу качественно справиться со всем, поэтому нужно было что-то отпустить. Мне пришлось отказаться от мечты преподавать в школе служения первую половину года, чтобы сосредоточиться на том, что, по моему мнению, в этот период указывал Бог. Я даже отменила одну миссионерскую поездку и один из моих семинаров «Как писать книги в Божьей славе» (*Writing in the Glory*), чего я никогда не делала раньше. Как только отменила все это, я мгновенно почувствовала мир. Теперь я могла сосредоточиться на отношениях с людьми рядом со мной и посвятить полное внимание тому, что, как я понимала, Бог поставил в приоритет в тот период.

Иногда нам нужно отпустить что-то хорошее, особенно если у нас в отношении этого нет мира. Эван Робертс, который стоял у истоков валлийского пробуждения 1904—1905 годов, считал, что для настоящего пробуждения необходимо избавиться от всего, что дает место сомнениям. Каждый вечер на раннем этапе пробуждения он делился следующими четырьмя принципами:

1. Мы должны исповедовать перед Богом всякий грех из нашей прошлой жизни, который не был исповедан.
2. Мы должны удалить сомнения из нашей жизни.

3. Мы должны жить в полном посвящении, то есть делать и говорить все, что нам велит Дух Святой.
4. Мы должны публично исповедовать Христа[38].

Если есть какие-то обязательства или отношения в вашей жизни, о которых вы не уверены, стоит ли продолжать их или нет, пригласите Духа Святого помочь вам разобраться. Спросите Господа, не хочет ли Он, чтобы вы вновь отдали все это Ему. Отпустите хорошее, чтобы обрести лучшее, это придаст импульс вашему движению вперед к вашему истинному призванию. Согласитесь, было бы неразумно пытаться ходить по воде, взяв с собой лишний груз, который тянул бы вас на дно.

АКТИВАЦИЯ:
Настройтесь бежать дистанцию

---

[38] Daniel M. Phillips, *Evan Roberts: The Great Welsh Revivalist and His Work*, 2nd ed. (London : Marshall Brothers, 1906), 215 (доступно на www.welshrevival.org), из письма, датированного 5 ноября 1904 года. Поскольку Робертс говорил это на многих встречах, существуют различные версии этих принципов, включая следующую: «Вы желаете излияния Святого Духа в вашем районе? Для этого должны быть выполнены четыре условия. Они необходимы — помните это слово: "необходимы". (1) Существует ли какой-то грех в вашем прошлом, который вы не исповедали Богу? Немедленно на колени! Ваше прошлое должно быть удалено и очищено. (2) Есть ли что-то в вашей жизни, что вызывает сомнения — что-то, о чем вы не можете решить, добро это или зло? Долой это! Между вами и Богом не должно быть никакого тумана. Вы всех простили? Точно ВСЕХ? Если нет, не ожидайте прощения за свои собственные грехи: вы его не получите. (3) Делайте то, к чему побуждает Дух. Покорность — немедленная, безусловная, беспрекословная покорность Духу Божьему. (4) Публичное исповедание Христа как своего Спасителя. Есть огромная разница между декларацией и исповеданием. Вы славите Отца, славите Сына; почему бы вам не славить Святого Духа? Вы говорите о Нем как о "чем-то"! Дух подавляют в сотнях церквей. Не угашайте Духа. Когда огонь горит, он очищает, и когда вы очищены, вы полезны для дела Божьего». S. B. Shaw, "God Hath Visited His People" (из отчета в *Bright Woods*), in *The Great Revival in Wales* (Chicago : S. B. Shaw Publisher, 1905), 67-68.

1. Напишите, каким вы видите свое предназначение. Для чего вы рождены? Какое, по-вашему, влияние на этот мир вы призваны оказать?

2. Напишите ваши текущие обязательства в этот жизненный период.

   Какие из этих обязательств поддерживают ваше видение и призвание?

   Какие обязательства могут быть хорошими, но не поддерживают или не соответствуют вашему предназначению?

   Какие из них вы можете полностью отпустить, а что нужно передать кому-то другому?

   Есть ли еще кто-то, кто мог бы взять на себя ответственность за что-то в вашей жизни, что вам самому сейчас трудно нести?

   Я призываю вас сделать все необходимое, чтобы убедиться, что все ваши обязательства в этот период способствуют вашему видению и предназначению и не мешают вам полностью ходить в Духе. Сегодня существует бесчисленное количество великих дел, в которых вы можете участвовать, но есть лишь одно конкретное задание, для которого вы были рождены. Не позвольте участию в великих делах отвлекать вас от главного, чему вы должны посвятить свою жизнь.

3. Подумайте об одной теме, к которой сейчас больше всего склонно ваше сердце и к которой Святой Дух побуждает вас стремиться (исцеление, семья, пробуждение, близость с Богом, евангелизация и т. д.). Теперь подумайте о людях в вашей жизни, имеющих такие же стремления. Попросите Святого Духа указать вам четырех наставников, четырех сверстников и четырех

человек для наставничества в этот период, которые сейчас горят тем же, что и вы.

Наставники / духовные матери и отцы:

1.

2.

3.

4.

Друзья / ровесники:

1.

2.

3.

4.

Люди для наставничества / ученичества:

1.

2.

3.

4.

Это задание поможет вам расставить приоритеты, сфокусироваться и мудро распоряжаться своим временем, инвестируя в то, на что указывает Святой Дух. Список будет меняться в разные жизненные периоды. Если близкий человек не разделяет ваших стремлений, это не означает, что он стал менее важным в вашей жизни. Находите время для тех, кто для вас важен, даже если у него нет того же стремления. Однако старайтесь также искать тех, кто горит тем же, что и вы, чтобы вы могли стратегически двигаться вперед в Божьих делах. Как только будет готов ваш список из двенадцати человек, на которых вам укажет Святой Дух, постарайтесь больше проводить с ними времени, делясь своим сердцем. Потом посмотрите, что из этого получится.

4. Я призываю вас произнести следующую молитву вслух и посмотреть, как Бог захочет проявиться в этот момент. Пусть придет Его огонь...

Святой Дух, я приглашаю Твой огонь излиться на все мои отношения, обязательства, желания и привязанности. Приди и направь мою жизнь на исполнение Твоей совершенной воли. Я позволяю Тебе перестроить мою жизнь, мои приоритеты и мой график так, чтобы я мог лучше сосредоточиваться на Тебе. Искорени из моей жизни все, что не от Тебя. Дай мне мудрость отличать хорошее от лучшего. Я принимаю Твой очищающий огонь, чтобы очистить золото и отделить лишнее. Удали все, что сдерживает меня, чтобы я мог бежать к Твоему любящему сердцу. То, что мне трудно самому отпустить, я даю Тебе полное право забрать. Я полностью доверяю Тебе. Дай мне так пережить Твою любовь, чтобы ничто другое не имело значения, кроме стремления к Тебе всем сердцем. Будь единственным, Кто сегодня касается струн моего сердца. Я во всем говорю Тебе «да». Я выбираю стремиться к Тебе всей своей жизнью, всей крепостью и разумением.

9
Это не была идея Иисуса

Вы обратили внимание, что хождение Петра по воде не было идеей Иисуса? «— Господи, если это Ты, — сказал тогда Петр, — то повели и мне прийти к Тебе по воде» (Матфея 14:28). Именно Петр предложил совершить невозможное вместе с Иисусом. Он хотел быть ближе к Нему, и ничто не могло его остановить, даже если это подразумевало нарушить законы природы. Смелость Петра следовать зову сердца и его готовность пойти на риск открыли ему путь к совершению невозможного. Иисус поддержал его инициативу. Важно учиться на примере Петра и следовать велению сердца, как он сделал в тот момент.

Очищение желаний в Его присутствии

Когда мы проводим время в присутствии Бога, Он формирует желания наших сердец так, чтобы они соответствовали Его желаниям. Другими словами, Его желания начинают становиться нашими желаниями. Псалмопевец говорил: «Утешайся Господом, и Он исполнит желания сердца твоего»

(Псалом 36:4, Синодальный перевод). Если мы верно храним свои отношения с Господом и утешаемся Им, Он исполняет желания наших сердец. Наслаждение Богом в Его присутствии преобразует наши мысли, надежды и желания и приводит их в соответствие Его воле. Когда мы наслаждаемся Им, Он формирует в нас желания. Он знает, что может доверить нам эти мечты, потому что мы провели время в познании Его сердца. Мы также можем следовать стремлениям наших сердец, зная, что пребываем в общении с Господом. Когда мы проводим время в Его присутствии, Он орошает и взращивает семена нашего предназначения (см.: Исаия 61:11).

Вместо того чтобы ждать, пока Бог скажет нам, что делать, мы можем узнавать времена в нашей жизни, когда Он хочет, чтобы мы следовали желаниям своего сердца. В Псалме 19:5 говорится: «Да даст тебе [Господь] по сердцу твоему и все намерения твои да исполнит» (Синодальный перевод). Обратите внимание, Писание говорит: «Да даст Господь *тебе* по сердцу *твоему* и исполнит намерения *твои*». У каждого из нас есть уникальные желания, источником которых является Господь. Они различны для каждого человека. В отношениях с Богом мы все так же обладаем свободной волей и можем исследовать и находить, что оживляет наши сердца. Чем больше мы проводим времени в общении с Богом, тем больше можем быть уверены, что наши желания соответствуют Его сердцу.

Монах по имени Томас Мертон однажды сказал: «Дерево прославляет Бога, просто будучи деревом». Это означает, что я могу прославить Бога просто своей неповторимостью. Я незаменима. У меня есть определенные стремления и желания, уникальные для меня, потому что я была соткана уникально во чреве матери Божьей рукой (см.: Псалом 138:13). Есть занятия, которые оживляют меня, а другие мне совсем не нравятся. Я страстно люблю серфинг и воду. Я чувствую наслаждение от

Бога, когда нахожусь в воде. Напротив, я не особо люблю снег и холод, хотя некоторым людям это нравится. Это нормально, если я отличаюсь от других, — я так устроена. Меня по-особому создал Творец Вселенной. Я родилась, чтобы кататься на волнах и являть Его славу каждой стороной своей жизни. Я сияю для Него лучше всего тогда, когда живу полной жизнью. Если я принимаю себя такой, какой меня создал Бог, не тратя время на попытки быть кем-то другим, Он получает славу. Когда я полностью остаюсь собой, миру открывается еще одна грань Бога в том, как Он выражает Себя через мою жизнь.

Важно также осознавать, что Бог на самом деле нам доверяет. Если мы посвящаем время на развитие отношений с Ним и познание Его сердца, мы можем быть уверены, что наши желания будут чистыми. Иисус сказал: «Если пребудете во Мне и слова Мои в вас пребудут, то, чего ни пожелаете, просите, и будет вам» (Иоанна 15:7, Синодальный перевод). Мы просим исполнить не какие-то эгоистичные, корыстные желания. Иисус умер, чтобы мы имели жизнь и жизнь с избытком. Вот и все, что нам нужно для исполнения Божьего призвания в нашей жизни. Это включает в себя желания благословлять тех, кто нас окружает.

Бог хочет даровать тебе желания *твоего* сердца. Земной отец знает, как обрадовать своих детей, и любит благословлять их, тем более наш Небесный Отец — образец отцовства, Который показывает нам модель этой совершенной любви. Пребывая в любви Отца, мы можем учиться доверять своим сердцам и полностью, без ограничений быть самими собой.

Божий шедевр

Ибо мы — Его творение, созданы во Христе Иисусе на добрые дела, которые Бог предназначил нам исполнять.

Ефесянам 2:10, Синодальный перевод

Мы — Божий шедевр, Его поэма, написанная миру, чтобы в большей мере явить Его славу. Он уже предварил нас и предназначил дела, которые мы должны совершить. Если у вас есть стремление к чему-то или великие мечты, это потому, что Бог давным-давно вложил эти идеи и желания в ваше сердце.

Помню время, когда Послание к эфесянам 2:10 ожило в моей жизни. В 2006 году, когда я была менеджером в «Старбаксе», у меня появилась возможность посетить тренинговый курс по лидерству. На одном из семинаров нас попросили написать список целей и мечтаний. Цель, которую я тогда записала, было «Написать книгу об инициаторах перемен / пробуждений». Несколько лет спустя, летом 2012 года, Дух Святой дал мне возможность поработать над проектом книги с Биллом Джонсоном, пастором церкви «Вефиль» в городе Реддинге, штат Калифорния. Все началось как летняя подработка, я должна была помочь провести исследования о лидерах пробуждений и решающих моментах в их жизни; позже это исследование переросло в многолетний проект, за который мне даже заплатили (я помогала писать книгу одному из моих героев веры). Книга «Решающие моменты» (*Defining Moments*) была издана в январе 2016 года, то есть десять лет спустя после того, как я впервые записала мечту об этом. Я восхищаюсь, насколько Бог благ и как Он исполняет конкретные и уникальные желания наших сердец.

В Первой книге Царств, в главах 1-2, мы читаем историю Анны, у которой было глубокое и страстное желание иметь сына. Ей отчаянно хотелось ребенка. Она умоляла Бога услышать ее молитву и исполнить желание ее сердца. Анна хотела сына, но и Бог хотел рождения пророка, который обратит Израиль к Нему. Ее желание совпадало с Божьей мечтой для народа. Моя мечта написать книгу о пробуждениях прошлых лет была той же мечтой, которую Бог вложил в сердце Билла, и затем Он чудесно соединил наши пути. Божье намерение заключалось не только в том, чтобы поддержать меня в трудный период строительства «Дома предназначения», но и в том, чтобы через эту книгу многие люди пережили особую встречу с Богом, изменившую их жизнь.

У Мартина Лютера Кинга-младшего была мечта, которая впоследствии повлияла на нацию и изменила историю. Часто, когда Бог вкладывает желание в наше сердце, речь идет не просто об осуществлении мечты. В большинстве случаев, эта мечта связана с судьбами других. Осуществление нашей мечты означает, что другие получат поддержку, исцеление, освобождение и их жизни существенно изменятся. Не следует воспринимать свою мечту поверхностно или отбрасывать ее как нечто причудливое или просто как мысли, исходящие от нас. Бог уникальным образом создал каждого из нас и ждет, когда мы осуществим конкретные мечты, которые Он вложил в нас. Жизни других людей зависят от того, согласимся ли мы следовать своему сердцу.

Превращение воды в вино

Петр был свидетелем первого чуда Иисуса, когда Он превратил воду в вино (см.: Иоанна 2). Иисус, Его мать и Его ученики были приглашены на свадебный пир. Во время этого пира вино закончилось, что могло обернуться большим стыдом для жениха. Иисус велел слугам наполнить шесть больших кувшинов водой, которую Он затем превратил в вино. Слуги следовали указаниям Иисуса и стали свидетелями чуда, в то время как сам жених не знал, что произошло на его свадьбе. Иисус совершил для него чудо так, чтобы он не знал, а просто следовал своему сердцу и заключил завет с девушкой, которая была ему обещана. Лучшее, что сделал жених, помимо того, что послушался своего сердца, — это пригласил Иисуса на свадебный пир.

Мне нравится эта история, потому что я верю, что Бог хочет произвести в нашем поколении огромные перемены по тому же принципу, который мы находим в этом рассказе. Мы можем оставаться слугами Господа, ждать, когда услышим Его голос, и затем точно выполнить то, что Он говорит. Все закончилось хорошо, слуги сделали, как повелел Иисус, и собственными глазами увидели чудо. Я чувствую, что Бог ведет наше поколение к новому уровню отношений с Иисусом. Господь хочет, чтобы мы следовали своим сердцам и приглашали Иисуса на пир. Он хочет дружбы и сотрудничества с нами, стремится к совместной деятельности. Он ждет, когда мы последуем за своим сердцем, Он хочет удивить, благословить и поддержать нас особым образом, так же, как Он сделал это для Петра, идущего по воде.

Деньги мимоходом

Мне нравится заниматься серфингом, кататься на бодиборде и проводить время на пляже. Это оживляет меня внутри. Однажды зимой, когда я проводила Рождество со своей семьей в южной части Калифорнии, Бог дал особое знамение, когда я по влечению сердца поехала на пляж. Это было так: 30 декабря 2015 года я проснулась рано и проверила онлайн прогноз о прибое, чтобы узнать, где были волны. Обычно я просыпаюсь около шести утра, чтобы поехать на пляж пораньше, пока там еще нет много народа. Однако в этот раз я колебалась и не торопилась выбраться из своей уютной, теплой постели. Затем, около четверти десятого, я решила еще раз поехать позаниматься серфингом перед отлетом обратно в Северную Калифорнию. Это было на три часа позже моего обычного времени, когда я ездила на пляж.

Я наконец села в машину и поехала. Когда подъезжала к перекрестку примерно в миле от дома моих родителей, то заметила нечто необычное на дороге. Прямо передо мной какие-то бумажки кружились в воздухе над дорогой. Я не совсем понимала, что происходило, однако, подъехав ближе, увидела, что это вроде бы двадцатидолларовые купюры парили в воздухе от ветра проезжающих машин. Я сказала себе: «Это не может быть правдой. Это должны быть фальшивые деньги, или они должны принадлежать кому-то». Я почти проехала мимо, но мое любопытство взяло надо мной верх. Я быстро свернула налево на парковку возле ресторана и отправилась в центральную разделительную полосу улицы, где другой парень уже старался поймать как можно больше купюр.

Я спросила у него, чьи это деньги, но он ответил, что понятия не имеет. Я подумала, что, может быть, это деньги от наркоторговли, которые Бог вернул обратно в Царство. Никто не знал, кому принадлежали эти деньги, и никто из находящихся рядом людей не претендовал на них. Когда я поняла, что нам не найти владельца, дальнейшее было похоже на сцену из фильма. Я буквально начала брать деньги из воздуха и с земли. Подождав, пока проедут машины, я и еще несколько человек шли по дороге и собирали двадцатидолларовые купюры. Мы даже не соревновались между собой за количество денег. Мы радовались, как дети в кондитерском магазине, и подсказывали друг другу, крича: «Эй, там еще одна! Хватай!» Одна дама на другой стороне улицы собрала 360 долларов, и позже я узнала, что в тот день был ее день рождения. Вот это да! Какой сюрприз ей получился!

Меня это поразило. Всего за несколько минут все деньги были собраны теми немногими из нас, кто остановился, увидев на улице что-то необычное. Если бы я решила отправиться на пляж в обычное время, я никогда не получила бы этих денег мимоходом. Если бы я не остановилась, чтобы посмотреть, что происходит, я упустила бы этот момент. Тогда мне удалось собрать 240 долларов. Я вернулась в машину и поехала на пляж, чтобы последний раз в том году позаниматься серфингом! Когда я вернулась домой, я отдала долг маме и погасила сумму, которую занимала у нее; это позволило мне встретить новый год без долгов.

Этот случай заставил меня осознать, что Бог может сделать так, чтобы деньги буквально возникли из воздуха. Я убедилась, что отсутствие денег не должно становиться причиной, по которой мы не делаем шаг веры в направлении, указанном Богом. Я просто занималась своими делами, отправившись на пляж. Ничем духовным я тогда вообще не занималась. Я не могла пропустить этого уникального благословения, я буквально проезжала по деньгам. Если бы я выехала из дому на пять минут раньше или позже, я пропустила бы тот момент. К счастью, я последовала желанию своего сердца и отправилась на пляж, а в нужный момент обратила внимание на происходящее и остановилась.

Это происшествие всегда напоминает мне о том, что бывают моменты, когда я не могу избежать Божьих благословений, даже если попытаюсь. Иногда, когда мы меньше всего ожидаем, Бог удивляет нас Своей благостью. Следуя зову сердца, мы сталкиваемся с невозможным, даже не прилагая никакой веры. Иногда невозможное не зависит от нашей веры, а связано с тем, что Бог благ и проявляет к нам Свою благость. Иногда это происходит, когда мы просто следуем желаниям сердца, чтобы наслаждаться Им и жить жизнью с избытком, ради которой Он умер, даже если это означает провести день на пляже.

Бегущая по воде

Летом 2014 года мой друг из Южной Африки по имени Мэтью Шатте, который вместе с женой Лизой жил в «Доме предназначения», передал мне сильное пророческое слово во время одного из наших семейных вечеров. В этом пророчестве он видел меня как белую лошадь в конюшне. Там находился Иисус, расчесывая гриву и ухаживая за мной, как за Своей драгоценностью. После Он взял меня за уздечку и повел на пляж. Этот пляж простирался без конца и края. Узкая полоса земли тянулась вдоль всего океана.

Господь снял с меня поводья, отпустил и велел бежать. Я послушалась Его повеления и поскакала по бескрайнему пляжу, пока не устала, а затем вернулась к Нему. Каждый раз, скача, я оставляла следы копыт на песке и могла определить, как далеко зашла. Эти следы не исчезали, так что каждый раз, когда я скакала, то видела, что прошла дальше, чем в предыдущий раз. Затем Господь вернул меня в конюшню. Это происходило день за днем. Каждый раз я превосходила предыдущий результат. И все, что говорил мне Иисус, это «скачи».

А потом однажды, после того как Он сказал «скачи», я решила свернуть с пути и скакать по воде. Он никогда не говорил мне скакать по воде; это был мое решение. Когда я вернулась, Иисус улыбался, как будто все это время Он на это и рассчитывал. Затем Он сел мне на спину, а я поскакала по воде. Наши движения слились, и мы были вместе, как одно целое.

Я вспоминаю это пророческое видение в те моменты, когда мне нужно сделать шаг в невозможное или когда хочу попробовать что-то, что, насколько мне известно, еще не делали. Жизнь можно уподобить забегу, когда бежишь как можно быстрее, а Господь направляет нас снова и снова. В этом пророческом видении Иисус дал повеление скакать, так же как хозяин дает приказ слуге. Я была послушной своему Господину. Лишь когда я решила свернуть с пути, чтобы исследовать невозможное и идти за своим сердцем, тогда Иисус перестал быть хозяином и стал другом, который присоединился ко мне в желании приключений. Я верю, что это то, что Он хочет для нас сегодня. Он хочет, чтобы мы исследовали невозможное, пережили необычные приключения с Ним. Он хочет, чтобы мы зашли как можно дальше в своей вере в Его всемогущество, что если помчимся по воде, то Он будет рядом с нами, слившись в одно, а не просто подбадривая нас с берега.

Мы можем жить безопасной, удобной и послушной жизнью без особых рисков, зная, что Бог благ, и это вполне нормально. Но я предпочла бы следовать зову сердца и пробовать бежать по воде, полагаясь на Него и веря, что Он даст силу и помазание совершать невозможное, чем сидеть дома без шрамов или историй о своих приключениях. Богу нравится поддерживать нас, когда мы делаем шаг в новые сферы невозможного с полной верой в Него.

Я верю, что мы входим в новый сезон, в котором Иисус ждет, чтобы мы покинули зону комфорта и отправились вместе с Ним в опасные воды. Настало время бежать по воде и совершать невозможное для Его славы. Это полное радости приключение хождения по воде в дополнение к исцелению больных, изгнанию демонов и других духовных свершений. Мы входим в новую эру, когда увидим Бога, творящего чудеса просто потому, что Он влюблен в нас и хочет, чтобы мы наслаждались Его присутствием. Иисус ждет, чтобы мы последовали влечению сердца, и пошли с Ним в самые невероятные места. Он хочет сотрудничать с нами. Пришло время узнать красоту Его сердца в тайных местах.

АКТИВАЦИЯ:
Следуйте зову сердца

Важно обращать внимание на желания и мечты, которые находятся глубоко внутри наших сердец. Нам нужно научиться следовать за своим сердцем подобно Петру, приближаясь к Иисусу, независимо от того, как это внешне выглядит. Петр прислушался к своему сердцу, а не разуму. Он не пытался все рассчитать перед тем, как выйти из лодки. Есть что-то особенное в его страстной импульсивности и отчаянном желании просто быть ближе к своему Другу Иисусу. Если бы он не последовал за своим сердцем, невозможное для него никогда бы не настало.

Существует причина, почему вам нравятся определенные вещи, вас притягивают определенные люди, и у вас есть уникальные желания. Ваша обязанность перед собой и всем миром исследовать, почему это так. Не у всех есть желание ходить по воде, как у Петра, написать книгу о пробуждениях, как у меня, или иметь сына, как у Анны. Некоторые люди хотят отправиться в африканские дебри, чтобы донести до людей весть о любви Иисуса. Другие хотят быть медсестрами, юристами, матерями или олимпийцами. Есть что-то уникальное внутри каждого из вас, что Бог поместил туда, когда Он ткал вас в утробе матери. Важно исследовать и понять, почему эти желания существуют и как направлять эти мечты и исполнить.

Следуйте зову сердца, это поможет вам шагнуть в невозможное. Иисус ждет вас, так же как Он ждал Петра, чтобы идти по воде и узнать тайны Его сердца.

1. Если бы у вас были неограниченные ресурсы времени, энергии, денег, смелости, что бы вы делали в своей жизни?

2. Напишите двадцать пять мечтаний или целей вашего сердца, которые еще не осуществились. Это будут лично ваши желания, а не навязанные вам. У вас может быть мечта побывать на Гавайях, выйти замуж, привести к Богу всю вашу семью, покататься на лошади в первый раз, пролететь на дельтаплане и т. д. Мечты могут быть настолько разнообразными, насколько вы захотите. Не чувствуйте необходимости ограничивать себя двадцатью пятью — добавьте столько, сколько сможете, и не забывайте мечтать по-крупному.

Когда вы запишите их, проведите некоторое время, молясь о них. Наблюдайте и смотрите, что делает Бог, когда вы мечтаете с Ним. Со временем пересмотрите этот список и начните отмечать осуществленные мечты и восхвалять Бога. Некоторые из этих желаний вы сможете осуществить менее чем за год; другие могут занять более десяти лет, как у меня. Не беспокойтесь о сроках для их исполнения; просто доверьте эти семена Господу и Его процессу.

10
Риск

Жизнь скучна, если мы никогда не рискуем следовать своему сердцу. Джон Уимбер (1934—1997), лидер движения «Виноградник» *(The Vineyard Movement)*, любил говорить, что слово «вера» по буквам произносится как «Р-И-С-К». Вера — это уверенность в невидимом и действие в соответствии с этим (см.: Евреям 11). Как по мне, чудеса и риск часто идут рука об руку. Все начинается с того, чтобы сделать первый шаг в бездну неопределенности и полностью полагаться на Иисуса. Шаг веры делает жизнь чрезвычайно опасной, захватывающей и завораживающей. Иногда нам придется быть готовыми жертвовать чем-то великим, чтобы выйти в неизвестное, куда Господь ведет нас. В этом заключается большой риск, потому что результат может быть как разрушительным, так и великолепным. Однако я заметила, что чем больше риска, тем большей будет награда.

Петр не мог бы пойти по воде, если бы не сделал первый шаг. Многие люди ждут, когда все станет понятным, прежде чем они рискнут и выйдут из лодки, чтобы следовать за Иисусом; ирония в том, что с Иисусом много чего никогда не будет понятным. В Притчах 3:5-6 говорится: «Надейся на Господа всем сердцем твоим, и не полагайся на разум твой. Во всех путях твоих познавай Его, и Он направит стези твои» (Синодальный перевод). Есть нечто могущественное в том, чтобы следовать за Иисусом всей душой, даже когда факты не сходятся.

Не страшно, если мы вообще не понимаем, что происходит, или не знаем, почему Он просит нас сделать что-то в определенный момент. Нам не нужно знать конечный результат, иметь полный ответ или знать, как все сработает, прежде чем сделать шаг вперед, чтобы следовать сердцу и быть с Иисусом. Когда Иисус говорит приблизиться к Нему, даже если логически это невозможно, мы можем доверять тому, что, сделав первый шаг к Нему, Он удержит нас над водой. Иисус ждет, чтобы мы со своей стороны отпустили лодку и рискнули пойти, чтобы Он мог сделать невозможное для нас.

Двадцатая годовщина Благословения в Торонто

Один раз я вышла из лодки в январе 2014 года, чтобы стать частью конференции, посвященной двадцатой годовщине Благословения в Торонто, которое проводили в канадской провинции Онтарио. Я никогда не была там, но многие мои друзья свидетельствовали, что пережили обновление и пробуждение в этом движении. В это время я изучала и писала о таких лидерах пробуждений, как Рис Хауэллс и другие, которые делали шаги веры, чтобы следовать за своими сердцами. Через изучение их биографий Господь укреплял мою веру и готовил меня сделать то же самое.

У меня не было средств, чтобы поехать в Торонто, но я верила, что если Бог призвал меня и дал мне это желание, Он устроит путь. Я решила использовать свои баллы за авиабилеты и доплатить несколько сотен долларов, чтобы забронировать билет. Когда я попыталась забронировать билет онлайн, на моем счету не хватало средств для оплаты, потому что моя зарплата еще не была зачислена. Я начала разбираться в ошибке и обнаружила, что мой билет куплен, и с моего счета сняли только 66 долларов. Я позвонила в авиакомпанию, ответственным за программу лояльности и по всем номерам, которые смогла найти, чтобы убедиться, что я действительно оплатила билет и мне не выставят огромный счет позже. Каждый сотрудник говорил то же самое: билет куплен за 66 долларов, все в порядке. Приятный сюрприз!

Регистрационный взнос на юбилейную конференцию превышал 200 долларов, насколько я помню. Денег у меня не было, но я решила лететь в Канаду, доверяя, что Бог устроит все на месте. К тому же почти все гостиничные номера в районе были забронированы. Из-за того, что я ехала одна, гостиничный номер выходил очень дорого. Тем не менее я верой забронировала номер на первые три ночи. Я не была уверена, что делать с остальными тремя ночами, на которые мне нужно было остаться, но решила доверять Господу.

В воскресенье утром после моего приезда я пошла на служение в церковь «Лови огонь» *(Catch the Fire)*, которая на то время приняла у себя движение «Благословение из Торонто». Там я познакомилась с некоторыми членами медиа-команды и стала обсуждать вопросы моего исследовательского проекта о начале движения «Благословение из Торонто». Во время разговора я заметила с их стороны расположение, поэтому снова вышла из лодки. Я спросила, могут ли они помочь мне провести исследование, а я поделюсь материалами с ними.

Я была поражена и благословлена их щедростью — они предоставили мне доступ к конференции и медиа-библиотеке, право бесплатно посещать конференцию и провести необходимую работу с их первоисточниками для своего проекта. Это были отличные новости!

Затем, спустя три дня, когда у меня не было возможности продлить проживание в отеле, одна подруга в последний момент решила прилететь ко мне, чтобы присоединиться к конференции. Мы поделили стоимость номера, что позволило мне остаться. Она уехала домой в последние два дня моего пребывания, и у меня снова не хватало средств на отель. Передо мной стоял выбор: буду ли я верить, что Бог обеспечит меня, или возложу оплату номера в отеле на свою кредитную карту? В моей жизни были времена, когда я чувствовала благодать и мир, чтобы что-то скинуть на кредитную карту и оплатить позже. В этот раз, однако, я почувствовала, что Господь просит меня еще раз выйти из лодки, чтобы полагаться только на Него.

Я отказалась от проживания в отеле, не имея ни малейшего представления, где буду спать той ночью. Я встретила одну из своих подруг, которая была частью миссии «Айрис Глобал», и она пригласила меня остаться в ее отеле на ночь, так как у нее было место. Вечером после этого я встретила еще одного человека из «Айрис Глобал», который забронировал лишний номер, а отменить бронь уже было нельзя, и этот человек благословил меня и еще одну знакомую номером в отеле. Каждый раз, когда я ожидала действия Господа, Он давал номер лучше прежнего. Последние две ночи я провела в Торонто бесплатно. Я могла бы пойти по безопасному пути, оставшись в лодке и оплатив номер в отеле своей кредитной картой, но вместо этого я вышла из лодки, и Господь снова обеспечил меня, прежде всего через Тело Христово.

Риск

Во время этой поездки у меня было много моментов, когда я выходила из лодки. Все выглядело так, что каждый шаг, каждый случай риска был необходим для того, чтобы подготовить меня для следующего прорыва. Сначала 66 долларов за авиабилет, затем билет на конференцию, потом номера в отелях. Вся поездка в Торонто, не говоря уже о конференции, которая была удивительной, показала мне реальность того, что Бог есть Бог невозможного, Который любит поддерживать нас, когда мы выходим из лодки в неизвестные воды.

«Воспламенение Азуза»

В конце 2015 года у меня была еще одна возможность выйти из лодки и следовать Божьему водительству. Лу Ингл, молитвенное движение «Призыв» (*The Call*) совместно с «Айрис Глобал», школой сверхъестественного служения Вефиль *(Bethel School of Supernatural Ministry)*, «Молодежью с миссией» (*Youth With A Mission*) и рядом других организаций в связи со 110-й годовщиной пробуждения на Азуза-стрит подготовили в Лос-Анджелесе совместное мероприятие под названием «Азуза сейчас». Я в предвкушении ожидала этого события и ощущала в духовном мире движение, синергию и то, что Бог хотел излить Свое присутствие особым образом.

Большая часть моей работы по защите докторской степени была посвящена происхождению Пятидесятничества; многие пятидесятнические служения своими корнями уходят именно в пробуждение на Азуза-стрит, которое началось в 1906 году. Многие мои коллеги, историки и богословы помогли внести хронику этого пробуждения в книги по истории. Зная так много о пробуждении на Азуза-стрит и видя, что многие люди, которых я знала и любила, с воодушевлением ожидали того, что Бог хотел сделать на 110-й годовщине, я тоже воодушевилась.

Я хотела сотрудничать с этим Божьим движением, насколько это возможно, и послужить своим даром. Мне нравится писать об истории пробуждения, и в конце 2015 года, после разговора с Лу Инглом, возникла идея написать краткую историю пробуждения на Азуза-стрит. Я хотела, чтобы как можно больше людей до начала мероприятия прочитали и узнали больше об этом источнике пробуждения, тогда мы смогли бы вместе углубиться и созидать на том, что Бог начал 110 лет назад.

Единственная проблема заключалась в том, что мероприятие должно было состояться 9 апреля 2016 года. Это означало, что мне нужно было написать книгу к февралю — у меня оставалось всего несколько месяцев, чтобы напечатать, опубликовать и распространить ее до этого важного дня. Я уже занималась редактированием и помогала своему духовному отцу с его книгами, когда в мое сердце пришла идея написать об Азуза. Мероприятие приближалось, и я знала, что не смогу одновременно продолжать помогать ему и писать свою книгу об Азуза. Этот проект требовал сто процентов моего внимания. Чтобы совершить невозможное, я знала, что мне придется отложить все остальное.

Написание первой книги заняло у меня более семи лет. С тех пор я издала и другие книги, написание которых занимало от шести месяцев до трех лет. Я не была уверена, что смогу написать книгу за такой короткий срок и что найдутся каналы для ее распространения. К тому же я не хотела подвести своего духовного отца, прекратив ему помогать, особенно если у меня не получится завершить книгу об Азуза вовремя. Кроме того, с финансовой точки зрения мне также пришлось бы выйти из лодки; написание истории об Азуза обошлось бы мне дорого, так как в течение нескольких месяцев я не смогла бы работать и не получала бы зарплаты, а сбережения полностью пришлось бы вкладывать в этот проект, включая дизайн обложки, правку и макет, права на изображения, печать и другие расходы, связанные с книгой.

Это был большой риск. Мне было трудно смириться с мыслью, что я разочарую своего духовного отца, который был со мной в трудные времена. Чувствуя, что внутри разрываюсь, я наконец нашла в себе силы поделиться с ним тем, что у меня на сердце. Я сказала ему, что мне нужно взять перерыв, чтобы полностью погрузиться в этот проект об Азуза, и посмотреть, возможно, Бог устроит весь этот путь. Он воспринял это благосклонно и поддержал меня в моих начинаниях. У меня оставалось всего около двух месяцев на написание книги, прежде чем ее нужно было отформатировать и напечатать для мероприятия. Я перестроила свой график и отменила многие вещи в своей жизни на этот период, веря, что Бог даст мне силы для совершения невозможного Его силой.

Я фокусировалась на этом проекте каждый день и собрала невероятную команду людей, молящихся за меня и помогающих мне разными путями. Я чрезвычайно благодарна команде, которую дал мне Бог, и тому, насколько усердно они работали, чтобы через эту книгу отразилось Божье сердце. Небольшая финансовая поддержка пришла также от спонсоров, что помогло покрыть большую часть расходов на книгу и позволило распространить больше копий. Даже типография видела Божью руку в этом проекте и пожертвовала несколько сотен копий, чтобы благословить наше служение.

Через несколько недель после подачи файлов в типографию и буквально за считанные дни до того, как все студенты школы служения отправились в поездку на Азуза-стрит, мы получили первые печатные книги и смогли раздать их всем в школе. Поистине невозможно было, чтобы все это сошлось так быстро, в такой короткий срок. Мне потребовалось как минимум еще шесть месяцев, чтобы написать книгу «Воспламенение Азуза: Подготовка к новой революции Иисуса» (*Ignite Azusa: Positioning for a New Jesus Revolution*); невозможно, чтобы книга была готова за два месяца. Без Бога это было бы поистине невозможно. Каждый раз, когда думаю об этом, я смиряюсь, восхищаюсь и переживаю великую любовь, верность и силу Божью. На данный момент книга «Воспламенение Азуза» уже переведена на немецкий и португальский языки. Возможно, для вас рассказ о написании «Воспламенения Азуза» не покажется чудом, но как писатель знаю, что то, что я пережила, было настоящим чудом.

Петр был рыбаком, и когда Иисус сказал ему забросить сеть с другой стороны лодки, и он вытащил множество рыб, он знал, что стал свидетелем чуда. В другой раз Иисус сказал Петру и другим ученикам накормить более пяти тысяч человек всего пятью хлебами и двумя рыбами. Позднее Иисус сказал Петру поймать рыбу с золотой монетой во рту, чтобы заплатить подать (см.: Матфея 17:24-27). Каждая из этих историй, в которых Иисус активировал веру Петра, связана с его предыдущей профессией рыбака. Чудеса бывают разными по формам и размерам. Если мы будем внимательными к тому, чтобы видеть, и смелыми предпринять первый шаг, то начнем замечать еще больше в нашей повседневной жизни и на рабочем месте.

АКТИВАЦИЯ:
Сделайте первый шаг

1. Из вашего предыдущего списка, где вы записывали свои мечты, какую мечту в настоящее время Господь выделяет особенно ярко?

2. Что вы можете сделать сегодня, чтобы сделать первый шаг к этой мечте?

3. Какой будет ваша жизнь через десять лет, если вы никогда не решитесь на этот первый шаг?

4. С кем вы можете поделиться своей мечтой, чтобы помочь вам сохранить ответственность за исполнение Божьих обетований в вашей жизни?

Я призываю вас предпринять первый шаг на этой неделе по направлению к невозможному, мечте, которую Бог положил вам на сердце. Бог всегда может изменить курс плывущего корабля, а корабль, который находится в безопасной гавани, не плывет никуда, так и останется стоять на месте. Я молюсь и провозглашаю, что этот первый шаг создаст неудержимый импульс в вашей жизни и ускорение к более великому предназначению, чем вы когда-либо могли надеяться, мечтать или представить себе.

11
Стойкость

Когда мы начинаем жить по вере и позволяем себе больше рисковать, существует высокая вероятность того, что в процессе мы будем падать. Риск, открытость и шаги верой включают в себя вероятность ошибок и неудач. Но когда мы следуем за своим сердцем, чтобы быть ближе к Иисусу, даже когда это совершенно нелогично, привлекает Божье сердце к осуществлению невозможного.

Чтобы научиться ходить в сверхъестественном и совершать невозможное, важно помнить, что ты будешь падать, только падай по направлению к цели и вставай. Речь идет не о падении в грех или безнравственность, а о падении, когда ты делаешь шаг веры в направлении цели, а все обернулось не так, как ты предполагал. Если научишься справляться с разочарованием, вставать, извлекать уроки из своего опыта и двигаться вперед, ты будешь расти в вере и будешь лучше подготовлен шагнуть в невозможное в будущем.

Когда мы падаем, приходит разочарование, поэтому существует опасность, что в следующий раз мы отступим или пойдем на меньший риск из-за нескольких неудачных попыток прошлого. Однако единственный способ расти в вере — это рисковать. Это означает, что придется испачкаться при падении и время от времени набивать шишки. Можно, конечно, остаться невредимыми, просидев всю свою жизнь на одном месте, или можно рискнуть, справиться с разочарованиями, извлечь уроки, оплакать потери и продолжить исследовать различные проявления Божьего сердца в этом мире.

В 1910 году Теодор Рузвельт произнес в Париже речь о красоте и боли риска. Он сказал так:

> Важен не критик; не тот, кто указывает, где сильный человек споткнулся, или в каком месте занимающийся каким-то делом мог бы сделать лучше. Заслуга принадлежит человеку, вышедшему на арену, лицо которого испачкано пылью, потом и кровью; кто отважно сражается; кто терпит неудачу снова и снова, потому что не бывает достижений без ошибок и неудач; кто на самом деле хочет совершить дело; кто наполнен великим энтузиазмом и большой преданностью делу; кто расточает себя на достойное дело; кто в лучшем случае познает триумф высоких достижений, а в худшем — если и потерпит неудачу, то потерпит ее, дерзко стремясь к великим свершениям, так что его место никогда не будет среди тех холодных и робких душ, которые не знают ни вкуса побед, ни поражений[39].

Лучше любить, даже если есть риск потерять; пробовать и пытаться, даже если потерпишь неудачу; следовать зову сердца,

---

[39] Theodore Roosevelt, "Citizenship in a Republic" (speech, La Sorbonne, Paris, France, April 23, 1910), https://www.presidency.ucsb.edu/documents/address the-sorbonne-paris-france-citizenship-republic или https://www.theodorerooseveltcenter.org/Learn-About-TR/TR-Encyclopedia/Culture-and-Society/Man-in-the-Arena.aspx, доступно на 6 октября 2023 года.

даже если столкнешься с закрытой дверью, чем жить с мучительным сожалением о том, что могло бы быть. Я верю, что Бог ждёт, чтобы мы следовали зову сердца и ходили верой, чтобы Он мог совершать невозможное через нас.

Точка невозврата

Жизнь всегда гораздо увлекательнее, когда мы позиционируем себя таким образом, что Иисус должен появиться в любой момент, иначе мы рискуем утонуть. Как часто мы так далеко заходим верой, что требуется вмешательство Бога, иначе мы потерпим неудачу? Сколько проектов в наших церквах нуждаются в особом вмешательстве Бога, иначе они провалятся? Как часто мы выходим из лодки в невозможное, где Иисус — единственный вариант для нас? Когда вы в последний раз выходили из лодки, чтобы пойти на риск и быть уязвимым, следуя своему сердцу так, что, если Бог не поддержит вас, вы будете выглядеть как глупец, рискуете репутацией, теряете работу или вас отвергнут?

Пётр пересёк точку невозврата, и Иисус стал его единственным вариантом. Он поместил себя между лодкой и Иисусом. Ему нужен был Иисус, чтобы поддерживать каждый его шаг. Это полная зависимость от Спасителя. Каждый шаг Петра был полностью зависим от власти и силы Иисуса. Пётр не мог идти вперёд без полного доверия Иисусу. Сосредоточив взгляд на Иисусе, он продолжал делать невозможное шаг за шагом.

Я никогда не хочу такого служения людям, где всё могу совершать своими способностями. Бог *должен* проявляться. В Нём весь смысл. Если Его явное присутствие не проявляется в собрании, которое я веду, нет смысла собираться. Я нуждаюсь в водительстве Духа Божьего и помазании Иисуса, чтобы сказать что-то значимое. Он — всё моё дыхание. Нет смысла ходить в церковь, если там нет ожидания реальной встречи с Богом. Не хочу жить жизнью, где могу просто узнать больше об Иисусе; хочу больше познать Его Самого. Я не хочу жить жизнью безопасности и уюта, лишенной риска. Хочу отправляться в приключения с Иисусом, где Ему нужно встретить меня на водах, иначе я могу утонуть, потому что зашла слишком далеко, ища Его на глубине. Хочу вести образ жизни, полный рисков, в котором я настолько влюблена в Иисуса, что хождение по воде становится для меня чем-то естественным.

Падение вперед

«Но, увидев, как сильно дует ветер, он испугался и, начав тонуть, закричал: — Господи, спаси меня! Иисус тотчас протянул руку и поддержал его. — Маловерный, — сказал Он, — зачем же ты стал сомневаться?» (Матфея 14:30-31).

Петр пошел на риск, выйдя из лодки. Он решил подойти к Иисусу. Когда Петр отвел взгляд от Иисуса и начал тонуть, он был достаточно далеко от лодки, поэтому единственным вариантом было упасть вперед, к Нему. Лодка была слишком далеко, чтобы вернуться в нее. Петр пересек точку невозврата и совершал невозможное, где Иисус стал его единственным источником спасения.

Когда Петр перестал фокусироваться на Иисусе, он упал в воду по направлению к Нему, а не назад по направлению к лодке. Петр был полностью предан Иисусу, вплоть до того, что если Иисус не спасет его, то он мог утонуть. Если мы пойдем на риск и окажемся в затруднительном положении, даже если у нас возникнут сомнения и мы будем тонуть, все равно стремитесь к Иисусу, Он всегда окажется рядом ради нас. Промедлений не было. Иисус тут же пришел на помощь своему другу Петру.

Маловерие?

Хотя Петр ходил по воде, чего никто, кроме Самого Иисуса, не делал, его обличили в «маловерии». Честно говоря, я думала, что Петра похвалят за его абсурдную веру. Никто из учеников не обладал таким безрассудным мужеством и преданностью Иисусу в тот момент. Петр тогда действительно совершил невозможное. Какая смелость! Я бы пожала ему руку или похлопала по плечу уже за саму попытку совершить такой подвиг.

Однако Иисус, после того как пришел к Петру на помощь, упрекнул его. Не знаю, как вы, но если бы я так рискнула, подвергла свою жизнь большой опасности, чтобы приблизиться к Иисусу, то чувствовала бы смущение, унижение и, возможно, конфуз от Его ответа посреди бушующего моря. Однако если бы я оказалась на месте Иисуса, я бы проявила сострадание к Петру. Иисус страстно желал, чтобы Его друг — один из трех близких друзей, которым Он позволил больше других приблизиться к Своему сердцу, — увидел и понял, что может делать невозможное, если будет верить. Иисус знал, насколько потрясающе ходить по воде и иметь власть над бурей. И Иисус, делясь этим опытом с другом, испытывал огромную радость. Уверена, что Он хотел, чтобы Петр походил по воде подольше. Но, потеряв фокус, ученик в один момент потерял способность совершать невозможное, что могло бы принадлежать ему.

Иисус ожидает, что мы будем совершать невозможное

Неожиданный упрек со стороны Иисуса имеет глубокий смысл по нескольким причинам. Это обличение указывает на то, что Иисус ожидал от Петра совершения невозможного. Петр мог бы продолжать идти по воде, если бы сохранял свой фокус на Иисусе и не сомневался. Иисус не удивился, что Петр пошел по воде, но огорчился, когда тот начал тонуть. Иисус знал, что все возможно верующему. Он знал силу, заключенную в Нем.

Даже после того, как Петр проявил то, что многие из нас сегодня назвали бы великой верой, Иисус назвал это «маловерием». Если у Петра была «малая вера» и он мог ходить по воде, то мне сложно представить, что могла бы сделать великая вера! Слова Иисуса подтверждают то, что было у Него на сердце: «Маловерный, зачем же ты стал сомневаться?» Я представляю, что мысли Иисуса были примерно такие: «*Зачем же ты стал сомневаться, Петр? Ты начал отлично, у тебя была смелость выйти из лодки, ты смотрел на Меня, а не на бурю, ты шел вперед ко Мне и совершал невозможное. Почему ты не продолжил взирать на Меня и доверять Мне? Зачем же ты стал сомневаться, что Я могу поддержать тебя среди моря?*»

Упрек со стороны Иисуса заставляет меня задуматься о том, сколько раз в своей жизни я начинала двигаться с сильной верой, рисковала и шла в том направлении, куда вел меня Святой Дух, но когда я сталкивалась с сопротивлением, отвлекающими факторами или страхом, то теряла надежду и сдавалась. Я позволяла этим моментам разочарования похитить мою уверенность.

Сколько из вас отлично начинали, выходили из лодки и шли в направлении Иисуса, но затем останавливались, когда видели бурю или получали травмы по пути? Сколько из вас чувствовали, что вам нужно пойти на риск, но когда все вокруг начали считать вас сумасшедшими и когда вы столкнулись с сопротивлением, то стали сомневаться в себе и в том, что это Он повелел вам идти? Сколько мечтаний мы разрушили, потому что позволили жизненным бурям запугать нас или затуманить наше видение? Иисус ожидает, что мы начнем вместе с Ним делать невозможное. Он не хочет, чтобы у нас был импульсивный всплеск веры в начале великих дел веры; Он хочет, чтобы у нас была устойчивая вера, которая все время фокусировалась бы на Нем.

Стыд не остановил Петра

Одна из замечательных особенностей этого повествования заключается в том, что после того, как Иисус спас Петра, им обоим все равно нужно было вернуться в лодку, но на этот раз они сделали это вместе. Другая особенность в том, что Петр был обличен перед своими друзьями, но он не обиделся на Иисуса. Он понял, что ему все еще нужно возрастать в вере. Он продолжил двигаться вперед.

Позже, в 17-й главе Евангелия от Матфея, Петр получил упрек на горе Преображения в том, что он не смог промолчать. Он также получил упрек после того, как пытался защитить Иисуса, отсекши ухо слуге первосвященника (см.: Иоанна 18:10-11). Затем произошел ужасный инцидент, когда Петр трижды отрекся от Иисуса в тот момент, когда был нужен более всего. Я не могу себе представить, каким взглядом Иисус посмотрел на Петра после третьего отречения:

Но Петр сказал:

— Я не знаю, о чем ты говоришь! — И тотчас, когда он еще говорил, пропел петух.
Господь повернулся и посмотрел на Петра. Тогда Петр вспомнил слова Господа, как Он сказал ему: «Прежде, чем пропоет петух сегодня, ты трижды отречешься от Меня». И, выйдя наружу, он горько заплакал.

Луки 22:60-62

В этот момент жизни Петр мог бы позволить стыду отдалить его от Иисуса. Но он так не сделал. Каждый раз, когда Петр начинал «тонуть» и получал упрек, он снова и снова вставал и продолжал идти за Иисусом. Он оставил все, чтобы следовать за Ним, и ему больше некуда было идти. Он верил, что его формирует Сама Любовь, поэтому научился не ограничивать себя, не сосредотачиваться на своих недостатках, а выбирал устремлять свой взор на Иисуса.

Стыд и жалость к себе на самом деле являются формами гордыни. Они заставляют нас фокусироваться на себе, а не на Боге и Его благости. Не позволяйте стыду удерживать вас. Петр этого не сделал. Да, он совершал ошибки, падал снова и снова. Но его сила идти дальше заключалась в том, что он падал, устремляясь вперед, поэтому вставал и продолжал приближаться к Иисусу, сколько бы раз он ни ошибался по пути.

После воскресения Иисуса вера Петра возросла больше, чем когда-либо:

> ….и, вернувшись от гробницы, рассказали обо всем одиннадцати и всем остальным. Среди тех, кто рассказал это апостолам, были Мария Магдалина, Иоанна, Мария — мать Иакова и другие женщины. Но они не поверили рассказу женщин, им казалось, что это лишь пустые слова. Петр, однако же, побежал к гробнице. Он наклонился, заглянул внутрь и увидел только льняные полотна. Он вернулся к себе, удивляясь всему случившемуся.
>
> Луки 24:9-12

Петр побежал! Он не позволил прошлому подавлять его будущее и предназначение. Он принял благодать, милость, любовь и прощение Иисуса и позволил любви вести его вперед, даже несмотря на пережитый стыд. Когда все остальные посчитали рассказы женщин выдумкой, Петр поверил и побежал.

Даже ангелы выделили Петра, когда сказали женщинам: «...скажите ученикам Его и Петру...» (Марка 16:7, Синодальный перевод). Мне нравится, как Господь выбирает самых неподходящих героев. Петр, пылкий рыбак, который создавал неразбериху, куда бы ни пошел, получил ключи от Царства Небесного (см.: Матфея 16:17-19).

В один момент Петр исполнился смелости и пошел по воде, торжествуя над законами природы, а в следующий — был охвачен страхом и начал тонуть, но был спасен, а затем обличен Иисусом. Герой — в один момент, униженный — в следующий. Жизнь с избытком, ради которой Иисус умер (см.: Иоанна 10:10), наполнена радостью и болью, надеждой и утратой, успехом и непониманием, риском и страданием. Эту полноценную жизнь Иисус явил Своим примером. Часто невозможное может быть запутанным и наполненным всевозможными крайностями. Это нормально. Однако помните, что Петр (тот, кто не боялся упасть) смог совершить невозможное, пока другие за этим наблюдали.

АКТИВАЦИЯ:
Время подняться

Величие заключается в том, чтобы подняться еще раз. Я когда-то слышала, как Хайди Бейкер сказала: «Если не сдадитесь, вы победите». Не важно, сколько раз вы упали, я призываю вас подняться. Не дайте стыду, страху, разочарованию или чему-то еще подавить вас или удержать от того, чтобы снова сделать шаг веры.

1. Есть ли что-то из прошлого, что удерживает вас от настоящего? Возможно, это моменты и ситуации, когда вы потерпели неудачу или не оправдали ожиданий, вам нужно простить себя и идти дальше.

   Если Святой Дух указал вам какую-то ситуацию, где вы согрешили, ошиблись, не оправдали ожиданий, и вы все еще казните себя за это, я призываю вас сегодня войти в жизнь без стыда, полную свободы и любви Небесного Отца. Разберитесь с этим прямо сейчас. Примите прощение от Иисуса. Он уже заплатил цену за то, чтобы вы были свободны. Враг хочет, чтобы вы держали это в тайне как можно дольше, потому что знает, что, как только вы вынесите это на свет, он тут же лишится власти над вами.

   Исповедание перед Господом несет прощение, а исповедание перед нашими братьями и сестрами во Христе несет исцеление. Я настоятельно призываю вас связаться с другом, которому вы доверяете и который может помолиться за вас; договоритесь с ним о встрече, чтобы открыть свое сердце, исповедаться, разобраться с этим и принять молитву и Божье прощение. Вы важны, и то, что вы несете, что передаете окружающим вас и этому миру, имеет значение. Не позволяйте ничему из прошлого, где враг пытался украсть, убить и погубить, удерживать вас от вашего предназначения (см.: Иеремия 29:11).

2. Если вы следовали зову сердца и рисковали, но снова и снова испытывали отверженность, разочарование и неудачу, позвольте сказать: «Я восхищаюсь вами и говорю: вставайте, есть надежда!» Иногда осуществление мечты занимает время. Я горжусь тем, что вы рискнули и следовали зову сердца. Вы все еще на пути к тому,

чтобы видеть вашу мечту состоявшейся и теперь сможете больше ценить и управлять этим процессом.

Если мы продолжаем держаться за Иисуса, то обнаружим, что закрытые двери, разочарование, неудачи и отказ — просто перенаправление к чему-то лучшему. Нам нужно подняться, отряхнуть с себя стыд и разочарование и продолжить идти, чтобы увидеть, что нас ждет по другую сторону. Пока мы приближаемся к Иисусу, в конечном счете все будет в порядке.

Некоторые из вас в прошлом были невероятно смелыми, вышли из лодки и рискнули, чтобы быть с Иисусом. Вы пытались следовать своему сердцу, но все сложилось не так, как надо, и вы начали тонуть. Это разочарование вам дорого стоило, с тех пор вы отказались снова выходить из лодки. Сейчас пришло время, когда Бог хочет исцелить и восстановить ваше открытое сердце. Иисус видел этот риск и приглашает вас опять выйти из лодки. Попросите Его подтвердить правильное время, чтобы выйти к Нему и снова идти по воде. Не отрывайте взгляда от Иисуса, и, если споткнетесь или упадете по пути, воззовите к Нему, чтобы Он подхватил вас. И Он поможет, ожидая вас с распростертыми объятиями.

3. Провозглашения имеют силу. Они могут помочь вам укрепиться в Божьей истине и станут вашим оружием, когда враг попытается сбить вас ложью и обвинениями. Вот несколько примеров для начала. Вы можете добавить к этому списку свои провозглашения, которые Дух Святой откроет вам (хорошо начать с Эфесянам 1 и Римлянам 8). Повторяйте их вслух ежедневно, чтобы укрепить свой дух.

Я провозглашаю, что:

Я свободен от стыда.

Я прощен благодаря крови Иисуса.

Я принят и любим.

Я победитель.

Я важен, значим и дорог Богу.

Я — цель для благословений и милости Божьей.

Я стою той цены, которую заплатил Иисус.

Я свободен быть собой и быть полностью любимым.

Я никогда не откажусь от обетований Божьих для моей жизни.

Я поднимусь, если упаду.

Я всегда буду взирать на Иисуса.

Я выполню свое Божественное предназначение.

Ничто не может отлучить меня от любви Божьей.

Страх неудачи в моей жизни бессилен.

Мое наследие — Любовь.

Все Божьи обетования на мою жизнь — да и аминь.

Он обратит во благо каждую неудачу в свое время.

Он завершит работу, которую начал во мне.

Он никогда не оставит и не покинет меня.

Он всегда верный.

12
Ищите прежде Царства

В Матфея 6:33 Иисус говорит: «Ищите же прежде Царства Божия и правды Его, и это все приложится вам» (Синодальный перевод). Рискуя и делая большой шаг веры, нам важно быть водимыми Духом и искать прежде всего Его Царства. Нашим движущим мотивом всегда должно быть приближение к Иисусу и исполнение Его целей. Петр хотел быть ближе к Иисусу, и, рискнув, он смог сделать шаг в невозможное. Его мотивацией был Иисус, а не невозможное. Чудеса — только результат близких отношений с Иисусом, а не сама цель приближения к Нему. Мы должны сохранять этот правильный взгляд, стремясь быть проводниками Его Царства на землю.

Хождение по воде в Индонезии

Евангелист Мел Тари рассказывает о чуде, которое пережила его команда, поставив на первое место проповедь Царства Божьего. Однажды они отправилась в район Тимора в Индонезии с проповедью к людям, которые еще не слышали Евангелия.

После целого дня пути группа Тари оказалась у реки Ноемина, через которую предстояло перебраться. Наступил сезон половодия, и вода поднялась даже выше обычного для времени обильных дождей. Глубина реки составляла уже более шести метров, а ширина — около трехсот. Команда очень устала и планировала отдохнуть несколько дней, подождав пока уровень воды спадет, но Господь повелел им не останавливаться, а сразу перейти на другую сторону и служить тем людям.

Кузен Мела первым решился сделать шаг веры, несмотря на предостережения, что может погибнуть. Ступив в реку и начав ее переходить, он заметил, что вода доходит ему только до колен, хотя глубина реки в то время достигала уже семи с половиной метров. Команда последовала за ним. За всем происходящим внимательно наблюдали местные жители, полагая, видимо, что в этом месте река не была глубокой. Решив проверить это и войдя в воду, они чуть не утонули. Глубина в действительности оказалась слишком большой. Все поняли — Бог совершил чудо, чтобы миссионеры смогли перейти реку[40].

После успешной переправы они вошли в деревню, успешно проповедовали Евангелие и даже воскресили из мертвых человека. Видя сверхъестественное действие Бога, спаслась вся деревня. Позже в интервью Мел объяснил, что его команда, совершая переправу, была сосредоточена не на чуде, а на задании от Бога поделиться с людьми на другой стороне реки любовью Иисуса. Мел подчеркнул важность искать прежде всего Царства:

> Чудо — это средство, которое помогает нам перейти из точки А в точку Б, чтобы проповедовать Евангелие. Чудо не является самоцелью, это средство, инструмент, это помощь, которую

---

[40] Mel Tari with Cliff Dudley, *Like a Mighty Wind* (Carol Stream, Ill. : Creation House, 1971), 43-46.

Бог нам дал, чтобы мы могли достичь точки Б и проповедовать Евангелие, чтобы эти люди могли прийти к Господу... Фокус всегда должен быть на Иисусе и миссии. Чудеса — помощь и инструменты, которые Бог посылает нам, чтобы мы могли выполнить задание, а заданием всегда является вечная судьба человечества, чтобы люди могли узнать Иисуса[41].

Команда Мела пыталась перейти реку, не для того чтобы увидеть чудо; им нужно было попасть на другой берег, чтобы донести Евангелие Иисуса местным жителям, ничего не знавшим о Нем. В большинстве случаев невозможное происходит во время распространения Царства Божьего. Проповедуя, люди часто видят проявления сверхъестественного, но не сразу осознают это, потому что сосредоточены не на нем, а на проповеди Евангелия.

Умножение хлеба

В 2000 году я жила в Мозамбике и часть времени занималась тем, что помогала доставлять еду в лагеря беженцев. Эти люди были вынуждены покинуть свои дома из-за разрушительных наводнений. Благодаря служению Хайди Бейкер и ее команды я видела, как в одном из лагерей беженцев много людей приняли Иисуса. У меня возникло сильное побуждение продолжить обучение этих новорожденных христиан. Я чувствовала, что недостаточно приносить им хлеб, приводить к Иисусу, а после оставить их, — Бог вложил в мое сердце желание помочь им возрасти в Господе. Почти каждую неделю в течение более пяти месяцев я возвращалась в этот лагерь беженцев, «Лагерь 2000», и привозила еду, миссионерские команды,

---

[41] "Walk on water miracle — Mel Tari," загружено 26 декабря 2007 года, на канале SacrificeOfPraise, https://youtu.be/93TKE8_4QC0

врачей и пасторов. Я расточала свою жизнь ради этих людей и помогала основать там церковь. Мне было 22 года.

Однажды я привезла в «Лагерь 2000» команду студентов из Вефильской школы сверхъестественного служения, чтобы они помогли мне. Мы купили хлеб для голодных. Приготовившись раздавать его, мы вдруг поняли, что людей намного больше, чем хлеба. Одна студентка из команды предложила разламывать буханки на несколько частей, чтобы досталось всем. Я вспомнила историю о том, как Иисус накормил толпу всего несколькими хлебами, и сказала, что вместо того, чтобы раздавать куски, мы будем молиться над хлебом и просить Бога накормить всех присутствующих.

Помолившись, мы продолжили служение и приступили к раздаче хлеба. Люди подходили, каждый получал целую буханку, пока наконец мы не накормили всех. Каково же было наше удивление, когда мы обнаружили, что хлеб не только не закончился, но много буханок осталось!

Забавно, но я не осознавала, что произошло чудо умножения хлеба до тех пор, пока мы не вернулись на базу через несколько дней и команда не заговорила об этом. Тогда меня осенило: Иисус умножил наш хлеб! Мы не искали увидеть чудо; мы хотели, чтобы все насытились. Мы не стремились к впечатляющему свидетельству, которое можно было бы рассказывать по возвращении домой; мы просто видели перед собой голодных людей, которых нужно было накормить. Нам надо было, чтобы Бог пришел на помощь, иначе они голодали бы; других желаний не было. Нашим мотивом было сострадание. Мы видели в них Иисуса и отвечали на увиденное шагами веры, делая все возможное, чтобы проявить к ним подлинную любовь. Мы искали прежде всего Царства Божьего, и Бог ответил.

«Дом предназначения»

Много лет спустя в период сильного отчаяния, я с верой последовала водительству Святого Духа, несмотря на трудные обстоятельства. Именно тогда, хотя я этого не понимала, Бог направил меня в осуществление значительной части моего предназначения. Осенью 2011 года я вернулась в Соединенные Штаты после четырех лет пребывания в Англии, где работала над докторской диссертацией, посвященной жизни и служению Кэрри Джадд Монтгомери. После того как я познакомилась с Вефильской общиной в Мозамбике много лет назад, я почувствовала, что Бог направляет меня в Реддинг, штат Калифорния. Подруга, с которой я познакомилась в Африке, пригласила меня пожить некоторое время в ее доме, что было невероятным подарком.

Я стала рассылать резюме и искать работу, но раз за разом мне отказывали. Я не нашла ничего лучше, как обратиться к знакомым. Придя в местный офис служения Ролланда и Хайди Бейкер «Айрис Глобал», я предложила им свои услуги. Работники офиса были очень расположены ко мне и радушно предложили мне работу. Большую часть времени я проводила за написанием благодарственных открыток тем, кто жертвовал на их служение. Это был опыт смирения: только что получив степень доктора философии и последовав за своим сердцем в Реддинг, я оказалась там без машины и работы, сидя день за днем за написанием благодарственных открыток. Но я верила, что в Реддинге было что-то, что связывало меня с моим предназначением.

В октябре я поехала в свой родной город на юге Калифорнии, чтобы побывать на свадьбе, а также встретиться с Хайди Бейкер после одного из ее служений. Решив искренне поговорить с ней, я поделилась своим сердцем и сквозь слезы попросила большего духовного покрытия, чтобы исполнить Божье призвание, которое чувствовала. Она с радостью согласилась рукоположить меня. Я была очень тронута ее верой в меня; я чувствовала, что нужно ее благословение и духовная поддержка, потому что собиралась сделать следующий шаг, хотя на тот момент я не имела ни малейшего представления, каким он будет. Мое рукоположение состоялось в канун нового 2011 года в доме Хайди в Реддинге. Ночь была незабываемой, временем сильного помазания от Бога, так как я вступала в эту новую общину.

К счастью, когда я устраивала свою жизнь в Реддинге и пыталась понять, куда мне двигаться дальше, моя подруга Кэрри Грош, с которой я недавно познакомилась, позволила мне оставаться у нее месяц. Я жила в ее гостевой комнате, спала на надувном матрасе в течение всего января 2012 года, занималась поисками работы и машины, так как свою продала еще перед тем, как уехать в Англию.

К концу месяца я все так же не имела ни работы, ни машины и все еще продолжала спать на надувном матрасе. В одно из воскресений мне не на чем было доехать до церкви, поэтому пришлось пройти пять с половиной миль и попасть только на вечернее служение. Находиться в новом городе без машины и средств к существованию было нелегко. Я старалась, как могла, не выйти за пределы своих сбережений. В это время Господь обратил мое внимание на сказанное в Матфея 6:33. Размышляя о том, что значит искать прежде Царства Божьего в моей ситуации, я поняла, что Он направляет меня первым делом найти место для жительства, а затем приступить к покупке автомобиля. Мне нужно было отказаться от желаемой мобильности и заняться только поиском дома.

Через друзей Бог привел меня к сдававшемуся в аренду трехэтажному дому в центре города на улице Плэйсер («Плэйсер» также означает «золотая жила»). Аренда стоила намного дороже, чем я рассчитывала, однако в доме было все, что мне нужно, и я увидела Божью руку в этом. Там шел ремонт; квартира на среднем этаже, которую я хотела арендовать, должна была быть готова к середине февраля. Я поговорила с владельцем Брэдом Коултером и поделилась своим видением готовить людей исполнять их предназначение в большом доме / общине, где царит Божье присутствие. Я также попросила его снизить арендную плату и предоставить мне мебель, так как у меня не было своей. Он знал, что у меня не было ни машины, ни работы, и, вероятно, подумал, что я сумасшедшая, но сказал, что помолится об этом.

Приближался конец января, а ситуация с домом на улице Плэйсер не двигалась с места. Кэрри была очень добра, позволив мне жить у нее целый месяц, но пришло время уезжать. Я не хотела злоупотреблять ее гостеприимством и была вынуждена арендовать для себя комнату. Не имея иного выбора, я согласилась на предложение владельца одного дома. Его предложение сперва казалось мне идеальным решением, но по мере приближения дня переезда я чувствовала, что не хочу там жить. Несмотря на хорошую цену и отремонтированную квартиру, мне она казалась серебром[42], а не золотом. Я встретилась с Кэрри 1 февраля, в день переезда. Она увидела мое смятение и оказала еще большую щедрость, продлив мое пребывание у нее еще на несколько дней, чтобы позволить принять более мудрое решение.

Это были трудные дни. Бывали ли вы когда-нибудь в ситуации, когда знаете, что должны переезжать, но не знаете куда,

---

[42] Ранее я опубликовала книгу под названием «Серебро на золото: Путешествие молодых революционеров» (*Silver to Gold: A Journey of Young Revolutionaries* [Birmingham, U.K. : Silver to Gold, 2009], и это было одной из причин, по которой у меня сложилось такое непреодолимое убеждение в тот момент.

ведь прорыв еще не наступил? Это было очень смиряющим опытом. Я впервые узнала, каково это просить о помощи и полагаться на Тело Христово. Спустя некоторое время Хайди благословила меня местом, где я могла пожить несколько недель. Тем временем я верила, что перееду в дом на улице Плэйсер, хотя Брэд все еще не решался сдавать его мне. Решив вопрос с временным жильем, я почувствовала, что снова могу мечтать, так как огромный груз спал с моих плеч. В тот же вечер Бог дал мне идею приглашать миссионеров в дом на улице Плэйсер, чтобы просто послужить им и почитать за их жертвенную жизнь. На следующий день я позвонила Брэду и поделилась этой идеей, сказав, что теперь уверена, что должна арендовать весь средний этаж. К тому моменту владелец уже нашел семью, которая была готова арендовать эту квартиру, оплачивать полную стоимость и имела свою мебель.

Я огорчилась. Но Святой Дух продолжал указывать мне на этот дом. Я видела предназначение в этом месте, но не имела представления, каким образом оно станет реальностью. Я знала, что должна бороться за этот дом, потому что у Бога была цель, миссия и Божественное предназначение для него. Тогда Брэд пережил встречу, которую Бог устроил сверхъестественным образом. Он свернул не на ту дорогу, когда шел в банк, и по пути встретил миссионерку из Африки, в разговоре с ней он поделился видением, которое дал мне Бог. Она заплакала и сказала, что много лет назад хотела, чтобы у нее было место, подобное этому. Это покорило его, и он согласился сдать в аренду мне квартиру на втором этаже.

В то время все сбережения, которые у меня были, ушли на залог и первый месяц аренды. Чем оплачивать второй месяц, я понятия не имела. Другие женщины, которые собирались жить со мной, передумали, одна — всего за день до того, как мы должны были въехать. Но Господь дал мне решимость не сдаваться. Прошло немного времени, и мне позвонил совершенно незнакомый человек, который хотел стать партнером в реализации этого видения. В конечном счете Бог привел других людей, призванных воплотить видение и поддерживать источник пробуждения.

Идя верой к своей мечте, мне вспоминалось свидетельство Кэрри Джадд Монтгомери, которая в 1880-х годах также шла верой, чтобы основать один из первых домов исцеления на Восточном побережье. Ей тогда было чуть за двадцать. У нее хватало заплатить только за первые несколько месяцев аренды, но благодаря ее вере дома исцеления, основанные ей, существуют и по сей день. «Дом мира», основанный в 1893 году, поныне действует в Окленде, штат Калифорния. Вспомнив ее историю, я подумала: «Если она смогла, значит, и я смогу». Ее свидетельство укрепило мою решимость «выйти из лодки», несмотря на недостаток денег. Слава Господу! С тех пор Он помогал нам каждый месяц, иногда чудесным образом.

Этот дом и община теперь стали известны как «Дом предназначения». Мы начали общину с трех человек на среднем этаже. Через шесть месяцев арендовали еще и первый этаж, а наша группа выросла до девяти человек. Через два года мы смогли арендовать и верхний этаж, когда его освободила проживавшая там семья. Это означало, что все три этажа теперь объединились в поклонении Иисусу в Божьем присутствии. С тех пор мы вдохновили появление нескольких других домов, которые были рождены с таким же видением, и даже запустили «Дом предназначения» за пределами страны.

Сейчас у нас на сто лет вперед есть видение о том, чтобы в нашем доме основывать поклонение по семейному типу и чтобы по всему миру было образовано пять тысяч подобных общин поклонения. Мы проводим служение как община / семья каждое утро по пятницам в нашей гостиной и каждый раз переживаем особенное и уникальное время. Эти собрания открыты для всех желающих. Наша единственная цель по пятницам — поклоняться Иисусу и вместе переживать встречу с Ним.

В феврале 2017 года мы отметили пятую годовщину «Дома предназначения». Ничего из этого не было бы возможным, если бы не множество святых, которых Бог привел стать частью видения и которые искали прежде Царства Божьего, делали шаги веры и становились партнерами Божьего дела. Мы служили благословением для миссионеров, видели исцеления людей и сверхъестественное погашение долгов, проявление творчества и рождение песен прославления. Иногда во время поклонения все настолько насыщалось Божьей славой, что мы лежали ниц перед Ним и остаток дня могли говорить только шепотом. Мы видели, как люди переживают Божью любовь и Его защиту настолько сильно, что решаются на шаги веры, о которых никогда не мечтали. У многих были особые встречи с Божьей любовью в этом доме.

В одно утро к нам пришла психологически выгоревшая миссионерка, страдающая от посттравматического стрессового расстройства, Джессика Тейт (она пришла к нам, потому что ее знакомый видел сон, что Джессика должна посетить «Дом предназначения»). Джессика получила исцеление, когда одна из наших служительниц, Катарина Вельт, танцевала вокруг нее во время поклонения[43]. Это всего лишь одно из многих исце-

---

[43] Прочитайте свидетельство Джессики Тейт о ее исцелении в статье «Исцеление от посттравматического стрессового расстройства через танец в "Доме предназначения"» (*Healed from PTSD through Dance at Destiny House*), опубликованной в блоге *Silver to Gold* 18 мая 2016 года, по ссылке http://www.silvertogold.com/blog/jessikatate. Вы также можете посмотреть видео, которое Bethel.TV сделало на эту тему, перейдя по ссылке Jessika Tate, testimony, *Bethel.TV Testimonies*, 3 мая 2017 года, https://www.youtube.com/watch?v=D9q8DkxiCl4

лений, которые произошли в нашей общине. Люди стекались к нам со всего мира, чтобы пить из этого колодца и принимать Божье присутствие.

Господь так благ! Он продолжает совершать чудо за чудом в «Доме предназначения». А началось все с маленького «да» тому, чтобы прежде всего искать Его Царства. За этим «да» вскоре последовало много других. Служение «Дома предназначения» не имело бы такого влияния на многих людей и не стало бы таким, каким оно есть сегодня, без Тела Христова, которое собиралось вместе и в котором каждый человек исполнял свою роль.

Этой историей я хочу подчеркнуть, что, когда я шагнула верой, чтобы арендовать дом, у меня не было цели распространить движение поклоняющихся общин по всему миру. Я просто хотела иметь место, где могла бы быть собой, расти и развиваться, приглашать людей на регулярное поклонение и исполнять свое призвание. Я учила женщин почти двадцать лет, и мечта о жизни одной общиной всегда меня привлекала. Моим мотивом было просто жить жизнью с избытком, жизнью, для получения которой умер Иисус, и не соглашаться на что-то меньшее. Я просто следовала своему сердцу и направлению, данному мне Духом Святым.

Люди спрашивают меня, как я разрабатывала стратегию, чтобы увидеть осуществление видения «Дома предназначения». Я смеюсь, потому что помню, в каком полном непонимании находилась, в состоянии полной покорности, отчаяния и зависимости от Бога и Его Тела. Я боролась, чтобы просто держать голову над водой и выжить, дождавшись прорыва. По милости Господа Он позволил мне обратиться к глубокому источнику, существовавшему задолго до того, как я появилась на сцене. Все, что я хотела, — это дом. Я знала, что должна оставаться верной моему основному принципу — не соглашаться на серебро, когда мне предназначалось золото, поэтому решила сказать «нет» другому месту и попытаться узнать, что будет дальше.

Появление «Дома предназначения» было совсем не легким. Процесс был похож на роды — болезненно, иногда непредсказуемо и в состоянии полной зависимости от Бога. Я отказалась от всего и, чтобы добиться успеха, полностью полагалась на Иисуса и Тело Христово. Когда я верно искала прежде всего Его Царства и следовала водительству Святого Духа, все остальное прибавилось мне, как и обещает Его Слово.

Более того, история о том, как я решила сперва найти дом и только потом машину, полностью пророческая. Нам нужна сначала семья (дом) и уж затем служение (машина). Служение и принесение плодов исходят от близких отношений с Богом, а также от места, где мы тесно связаны с Божьей семьей. То, что сейчас известно как «Дом предназначения», началось с семьи. Когда не просто один человек ищет прежде Царства Божьего, а вся община, это расширяет нашу способность участвовать в том, что Бог хочет совершить. Он жаждет умножить Его славу в нашей жизни. Когда мы ищем Его прежде всего и вместе с семьей верующих, мы достигаем таких глубин и моментов в Боге, которых не могли бы пережить в одиночку, за пределы ваших самых смелых мечтаний. Это случилось с нами при основании движения «Дом предназначения». И это только начало.

АКТИВАЦИЯ:
Водимые Духом

Так же, как Пётр следовал своему сердцу и совершил невозможное, когда мы ищем прежде Царства Божьего и следуем своему сердцу, то вступаем в сферу чудес и знамений, даже не осознавая этого. Иисус всегда должен оставаться нашим фокусом и мотивацией для совершения невозможного. Когда наши глаза устремлены на Него и мы настроены воздать Ему всю славу, Он идет нам навстречу. Когда Божья семья объединяется, чтобы смело идти вперед и искать прежде всего Его Царства, мы способны в еще большей мере войти в полноту нашего предназначения и еще больше раскрыть Божье сердце для этого поколения.

1. Что значит быть ведомым Духом и искать прежде всего Царства Божьего в наше время, даже если со стороны это выглядит бессмысленно?

2. Что вы можете делать практически, чтобы искать прежде Царства в вашей семье, на работе, в отношениях, стремлениях и желаниях на этой неделе?

3. Иногда одно маленькое «да» может изменить мир и повлиять на поколения. Возможно, Бог призывает вас сегодня сказать «да» чему-то. Быть может, Бог указывает вам на группу людей, с которыми вам нужно идти вместе и с которыми связан ваш следующий сезон. Задумайтесь об этом.

«Дом предназначения» на улице Плэйсер в Реддинге, штат Калифорния

13
Чудесный полет

Нам нужна семья Божья, чтобы в полной мере реализовать наше предназначение. В одиночку, конечно, мы можем достичь каких-то целей, но когда беремся за руки с Божьей семьей, то можем взлететь выше наших самых смелых мечтаний. Одним из труднейших уроков, которые я усвоила в процессе основания «Дома предназначения», стала необходимость просить помощи у Тела Христова. Раньше я думала, что с Богом смогу справиться с этим видением самостоятельно, но опыт ясно показал: чтобы осуществлять Его намерения, мне нужны и другие люди. Рискнув последовать за своим сердцем, я научилась просить о помощи и, что еще важнее, принимать любовь. Во взаимозависимости рождается нечто прекрасное, и я думаю, что Бог так и задумал.

В мае 2014 года я еще больше убедилась в том, насколько сильно Бог любит задействовать всю семью Христову для совершения чудес. Когда я снова пошла вперед верой так же, как Петр, вышедший из лодки, то еще глубже поняла, что, если бы не содействие Тела Христова, подавшего мне руку помощи, я не испытала бы прорыва.

Мне хотелось съездить в Англию на свадьбу подруги и повидаться с друзьями. Я не была там почти три года, с тех пор как закончила докторскую диссертацию. Приближался день свадьбы, а денег на поездку не было. Я только недавно закончила рабочий проект и все еще искала следующее оплачиваемое задание от Господа. Даже оплатить аренду на следующий месяц я не могла. Других вариантов помощи, кроме как от Бога и Тела Христова, я не имела. Тем не менее на протяжении нескольких месяцев до свадьбы я чувствовала спокойную уверенность, что буду в Англии и приму участие в торжестве. Я даже по вере подтвердила свое присутствие на свадьбе месяцами ранее. Я была так полна решимости, что сказала Богу: даже если мне придется собрать чемоданы и явиться в аэропорт без билета, я сделаю все возможное, чтобы расположить себя к получению этого чуда.

Казалось, что мне придется поступить именно так. Пока я молилась о финансовом прорыве, произошло в точности противоположное — неожиданно пришел запрос оплатить некоторые налоги. Я не была готова и оказалась в долгу на несколько тысяч долларов. Передо мной был выбор: позволить этому случаю разрушить мою мечту поехать в Англию или продолжать верить, что попаду на свадьбу? Я решила не позволять обстоятельствам мешать моей вере в то, что Бог может проложить путь там, где его нет.

За неделю до свадьбы финансового прорыва, о котором я молилась, чтобы купить билет на самолет, так и не произошло. Однако я продолжала планировать и жить так, словно все равно поеду, потому что действительно считала, что в Божьих планах я должна попасть туда. В понедельник перед свадьбой я с верой написала в своей рассылке, что в конце недели буду в Англии.

Я посчитала, что должна это сделать как провозглашение над своей жизнью и как акт веры в то, что желание моего сердца совпадало с Его замыслом, поэтому будет так, как Он того захочет. Я также опубликовала в социальных сетях следующее: «Когда у вас нет других вариантов, кроме Бога и Тела Христова, неизбежно произойдет что-то прекрасное...» Эта истина прочно укоренилась во мне после прорыва в «Дома предназначения».

Так как свадьба была в пятницу, 30 мая, я планировала отправиться в путешествие во вторник, чтобы успеть вылететь в среду. Утром во вторник я собрала чемоданы и была готова выходить, однако у меня все еще оставались колебания. Я подумала, что нужно лучше узнать о ценах на авиабилеты, чтобы лучше подготовиться. Начав свои исследования, я почувствовала беспокойство и поняла, что мои мысли полны сомнений и страха. Постояв в раздумьях, я проверила свой банковский счет и поняла, что вариантов нет. Моя финансовая ситуация была безвыходной, даже если бы я осталась в Калифорнии. У меня не хватало денег даже на продукты.

Я почувствовала, что финансовый прорыв, который был мне нужен, произойдет уже на другой стороне этого путешествия веры. Погрузив чемоданы и заправив на последние деньги полный бак автомобиля, я отправилась навстречу тому, что считала частью своего предназначения на тот момент жизни. Я знала, что чем дольше буду медлить, тем быстрее будет уменьшаться моя вера, и я могу пропустить время, когда Бог начнет действовать. Дух побудил меня отправиться в аэропорт. Я пригласила некоторых членов нашей семьи «Дома предназначения», Мэтта и Лизу Шутте и Бриттани Оэлз, отправиться со мной в это путешествие веры.

По пути

Множество чудес в Библии происходило «по пути», когда люди шли верой в направлении, указанным им Богом. В Луки 17:11-19 написано, что прокаженные, послушавшись указаний Иисуса явиться к священникам, исцелились по пути. Я также молилась о том, чтобы прорыв произошел по пути, поэтому с верой отправилась в аэропорт Сан-Франциско. Во время поездки мы увидели красивую и необычную полоску радуги на небе без видимого дождя. Я восприняла это как обетование от Бога. Затем мне позвонили с предложением преподавать в библейской школе, начиная с осени. Обетование в небе и прорыв в работе были отличным началом этого приключения к невозможному!

Поездка из Реддинга в Сан-Франциско занимает около трех с половиной часов. По пути туда я обычно останавливаюсь в Окленде, в «Доме мира», основанном Кэрри Джадд Монтгомери. Я хотела опять прикоснуться к этому историческому колодцу пробуждения, потому что он был стартовой площадкой для миссионеров и лидеров со всего мира на протяжении многих поколений. Почти сразу после нашего приезда в «Дом мира» какая-то женщина подошла ко мне и вручила чек на 500 долларов на мою поездку! Представьте, если бы я отложила свое путешествие на следующий день, то пропустила бы эту женщину, так как она с семьей уезжала следующим утром на отдых. Слава Богу за утверждение и поддержку через Тело Христово! Мне не было нужды торопиться в аэропорт в тот вечер, к тому же меня благословили, оплатив комнату на ночь, поэтому мы провели вечер, отдыхая и общаясь с хорошими друзьями.

Следующее утро перед тем, как отправиться в аэропорт, мы провели в молитвенной часовне, наслаждаясь славой Божьей и находясь в Его присутствии как одна семья. Я отправила подруге сообщение в 10:42, в котором говорилось:

> Собираюсь провести некоторое время в часовне в «Доме мира», поклоняясь вместе с частью семьи «Дома предназначения», а затем меня подвезут в аэропорт Сан-Франциско.
>
> Верю, что Бог устроит путь и что это свидетельство будет распространяться, чтобы разрушить твердыни страха и вдохновить наше поколение надеждой на Бога, Который любит проявлять к нам любовь!

Это сообщение было провозглашением надежды в мою ситуацию. До этого на протяжении всего месяца я размышляла над 43-й главой Книги пророка Исаии, о том, как Бог совершил чудо, разделив Красное море для Моисея и израильтян. В тот день мы не молились о прорыве, а просто торжествовали в Нем и Его благости, заранее благодаря Его за чудо, которое Он собирался совершить.

Мы закончили поклонение в доме, который основала Кэрри Джадд Монтгомери, и настало время отправляться в дальнейший путь. Мне нужно было попасть на самолет в тот же день, иначе я пропустила бы свадьбу. В полдень мы покинули часовню, и когда направились к машине, у меня закружилась голова. Я чувствовала себя, как тогда, когда собиралась прыгнуть с парашютом и уже стояла наизготовку. Я снова собиралась совершить огромный прыжок веры. Если Бог не подхватит меня или не даст мне крылья, чтобы взлететь, я буду выглядеть очень глупо. Бог был моим единственным вариантом. Я ступала на территорию, где никогда не бывала.

Бензина было достаточно, чтобы доехать до аэропорта. Теперь у меня было еще 500 долларов на билет, стоимость которого составляла более 1500 долларов. Я попросила многих моих друзей-молитвенников ходатайствовать за нас, когда мы направлялись в аэропорт. Также я попросила Хайди Бейкер, у которой бывали подобные поездки, поделиться свидетельством и помолиться за меня и за путешествие. Она рассказала, что однажды у нее было всего 100 долларов, но она чувствовала побуждение отправиться из Лос-Анджелеса в Нью-Йорк. Она прибыла в аэропорт Лос-Анджелеса, и пока была там, в распродаже появились билеты из Лос-Анджелеса в Нью-Йорк за 99 долларов. По пути я прокручивала ее свидетельство снова и снова, чтобы укрепиться в Господе, направляясь к невозможному.

Отсутствие открытых дверей

Прибыв в международный аэропорт Сан-Франциско, я поблагодарила Мэтта, Лизу и Бриттани и предложила им отправиться на экскурсию к мосту «Золотые ворота». Но попросила не уезжать из города, пока не получат от меня весточку, на тот случай, если я не попаду на самолет. Они настояли на том, чтобы сопровождать меня, и вошли со мной внутрь аэропорта. Ситуация становилась еще более неловкой, потому что я понятия не имела, что делать, а теперь у меня появились еще и зрители. Я чувствовала себя неловко, но была благодарна, что они остались, потому что мне нужны были их молитвы и поддержка на протяжении всего путешествия.

Войдя в аэропорт, я почувствовала побуждение подойти к стойке авиакомпании «Юнайтед Эйрлайнс». Подойдя, я отдала сотруднику аэропорта свой паспорт. Он спросил, куда я направляюсь. Я сказала, что лечу в Лондон. Я подумала, не появится ли каким-то чудом билет, когда служащий вводил мои паспортные данные в компьютер. Однако билет он найти не смог. Затем я попросила его посмотреть, нет ли резервных билетов. Их нельзя купить заранее, но они становятся доступными непосредственно перед вылетом самолета. Он посмотрел в свой компьютер и нашел много резервных билетов, что было отличной новостью. Он спросил меня, кто мой «знакомый». Я никогда ранее не летала таким образом и, не имея представления, о чем он говорит, ответила: «Иисус». Он был моим единственным Другом на тот момент. Служащий засмеялся, а затем сказал, что получить резервный билет бесплатно можно только вместо своего «знакомого», который работает в авиакомпании.

Мы поговорили некоторое время, и я почувствовала Божье благоволение в этом общении. Сотрудник аэропорта предложил мне отправиться в офис по внутренним рейсам и выяснить, могу ли я купить там билет. Когда я пришла туда с чемоданом в руках, они странно посмотрели на меня и не могли поверить, что я просто приехала в аэропорт без билета. Я узнала, что купить билет в аэропорту стоило дороже, поэтому решила попробовать постучать еще в несколько дверей. Обойдя стойки других авиакомпаний в поисках дешевого билета, я ничего не добилась.

Мы с друзьями сели отдохнуть. Я находилась на пределе и не знала, что делать дальше. Казалось, что я наполнила водой свои шесть кувшинов и стояла в ожидании того, что Иисус превратит все мои усилия в вино. Я была беззащитной. Я была уязвимой. На меня смотрели... Мне нужен был отдых от всей этой веры в невозможное. Мне нужно было немного пространства для раздумий, так как я исчерпала все возможные варианты.

Итак, я решила прогуляться по аэропорту, чтобы прийти в себя. Тогда мне в голову пришел следующий вопрос: *«Что, если я не попаду на свадьбу?»* Когда я размышляла над ним, то буквально почувствовала над собой облако разочарования.

Попытавшись открыть все возможные в моем представлении двери, но, не добившись успеха, я начала верить лжи, что ничего не получится, хотя изначально чувствовала Божью руку на этом. Сомнение, разочарование и печаль овладели мною мгновенно. Я следовала за своим сердцем и была полностью беззащитна, а теперь все рушилось. Когда я обратила свой взгляд на бурю вокруг меня, мое представление изменилось, и я начала терять надежду, что мечта исполнится.

Бывали ли вы в подобной ситуации, когда, рискуя быть уязвимым, следуя за своим сердцем, вы не получали того, что ожидали? Мне казалось, что во мне что-то умирало. Уныние и разочарование заставляли меня больше не желать следовать за своим сердцем, потому что это было слишком больно. К счастью, когда я вернулась назад, где сидели остальные, они все еще верили в чудо. Их надежда поддержала меня. Удивительно, насколько нам действительно нужна семья, чтобы поддержать нас, когда мы в унынии. Я очень благодарна, что Мэтт, Лиза и Бриттани оставались, чтобы быть рядом, когда мне это было нужнее всего.

Нам нужна семья

Я решила написать нескольким своим друзьям-молитвенникам, чтобы они помолились за прорыв в этом деле. Я сказала им, что нахожусь в аэропорту, передо мной нет открытых дверей и что мне нужно 1000 долларов, билет «знакомого» или какой-то перевозчик в Англию. Приближался конец дня. Я должна была сесть на самолет в тот вечер, иначе пропущу свадьбу. Мои друзья, которые были со мной, спросили, знаю ли я кого-то, кто работает в авиакомпании. Моя подруга Кристина Эйкерс была сотрудником авиакомпании, но в последний раз, когда я разговаривала с ней, она не могла помочь мне получить дешевые билеты. Я все же решила ей написать. Я учила

Кристину более десяти лет назад, даже крестила ее, и с тех пор она стала моей хорошей подругой. Она жила в Колорадо; как только я написала ей сообщение, она позвонила мне.

Я последовала совету сотрудника авиакомпании и спросила, работает ли она у них. Она работала в другой авиакомпании. Ее авиакомпания тоже предлагала билеты «знакомого», хотя она никогда раньше не пользовалась этой программой для сотрудников. Кристина спросила о том, когда мне нужно вылететь. Я ответила, что в течение следующих нескольких часов. Она не была уверена, сможет ли помочь, но попросила данные моего паспорта.

Пока мы сидели на скамейке в аэропорту, я предложила моим друзьям погулять по городу, однако не уезжать, пока я не сяду на самолет. И вскоре в атмосфере что-то начало меняться. Буквально через несколько минут Кристина нашла мне рейс, который должен был вот-вот вылетать, и мне нужно было поспешить, чтобы успеть на него. Весь аэропорт внезапно преобразился. Это стало похоже на сцену из фильма. Мои друзья взяли мой багаж, и мы побежали через аэропорт, чтобы успеть на рейс.

Добравшись до стойки авиакомпании, я разговаривала с Кристиной по телефону, а она вводила мои данные. На экране компьютера появилось мое имя, а затем появился билет из Сан-Франциско в Лондон! Я едва могла в это поверить! Бог не подвел меня. Присутствие Божие мощно обрушилось в тот момент, и мы все вместе торжествовали. Это было настоящим и уникальным чудом, которое я буду помнить всю жизнь.

Кристина в итоге приобрела мне билет всего за 578 долларов. Это было замечательно, составляло лишь треть обычной стоимости билета и было всего на 78 долларов больше той суммы, которой я располагала. Какое благословение от

Господа! После регистрации, пока я была еще в аэропорту, мне позвонил друг и сказал, что находится поблизости и хочет прийти попрощаться. Он пришел и сказал, что у него было на сердце дать мне деньги, когда я была в Реддинге, но не было такой возможности. Мы пошли к банкомату, и он снял для меня еще 200 долларов! Мой билет был полностью оплачен, и у меня даже осталось немного денег на путешествие.

Я поднялась на борт самолета с самой широкой в своей жизни улыбкой! Это не все, вскоре пришло еще одно благословение — подруга узнала о ночной пересадке в Чикаго и организовала для меня проживание у одной из своих подруг. Сразу после посадки я получила сообщение от этой драгоценной сестры, которую никогда раньше не видела, о том, что она ехала целый час, чтобы встретить меня и предоставить место для ночлега. Приятный мужчина, сидящий рядом, услышав мое свидетельство о том, как я попала на рейс, был потрясен Божьей благостью и захотел узнать больше об истинном и живом Боге. Прилетев в Лондон, я получила еще одно невероятное благословение. Мои друзья провели в дороге более часа, приехав из Бирмингема, чтобы встретить меня поздно вечером. Бог так благ! И мне нравится, как Он заботится обо мне через Божью семью!

После прекрасного ночлега у подруги мне выпала невероятная привилегия, честь и благословение побывать на свадьбе у прекрасной пары. Но на этом история не закончилась. После свадьбы у меня была возможность отправиться в Уэльс, чтобы вновь прикоснуться к источникам валлийского пробуждения. Несколько моих друзей из семьи «Дома предназначения» оказались там в то же время, поэтому мы встретились и смогли посетить Уэльский библейский колледж в Суонси, основанный Рисом Хауэллсом, а затем отправиться в Лоугор, чтобы посетить Морийскую церковь, которая сыграла значительную роль в начале пробуждения. Я даже смогла переночевать в доме, в котором родился и провел свое время небесных откровений Эван Робертс. Поездка в Уэльс стала дополнительным бонусом к и так невероятному и чудесному путешествию. Ирония в том, что, пока я была в Англии, несколько драгоценных друзей благословили меня финансами, и я вернулась с еще большей суммой, чем у меня была на момент отъезда. Бог благ!

Я благодарю Бога за это чудо превращения воды в вино ради сближения семьи Божьей в такое особенное время. Мне нравится, что первым чудом Иисуса в Библии было превращение воды в вино на свадебном пире. Это показывает, как Он любит радоваться жизни и собирать семью чудесным образом. Я благодарна за то, как Бог со всех сторон окружил меня Своим благословением, используя прекрасное Тело Христово, которое было со мной и верило со мной в это чудо. Да примет Бог всю славу и честь за этот чудесный дар!

Шаг в невозможное сегодня

Я делюсь этим свидетельством с вами не для того, чтобы вы ехали в аэропорт с упакованными сумками и без билета, но для того, чтобы вы откликались на водительство Святого Духа, идя верой в направлении невозможного, к которому Он вас ведет. Пока вы следуете за своим сердцем, встречая закрытые двери, доверяйте Ему. Он сделает вас способными ходить по воде. Он приведет вас к большей мере Его жизни с избытком, если вы будете фокусироваться на Нем и откроете свое сердце, чтобы принимать дар от Тела Христова.

Я также хочу сказать, что, хотя Бог совершил чудо, о котором я рассказала, у меня есть множество других историй о том, как я стучала в двери, но они так и не открылись. Люди спрашивали меня, почему я не накопила на эту поездку. Некоторым было сложно радоваться вместе со мной этому чуду, потому что оно их сильно смущало. В моей жизни было много других случаев, когда я смогла накопить и купить билеты на самолет благодаря Божьему обеспечению. Но в тот период, который я тогда проходила, накопление не было возможным вариантом. Бог действует по-разному в каждый период. Главное — быть близко к Нему и не бояться следовать Его водительству.

Важно отметить еще один момент в этом прорыве: Бог совершил ради меня чудо не для миссионерской поездки или какого-то другого мероприятия, связанного со служением, а просто чтобы я смогла побыть с друзьями и семьей. Он совершил это чудо, потому что любит отношения. Чудеса не ограничиваются исцелением больных и воскрешением мертвых. Это невероятно и важно, но есть также времена, когда Бог хочет совершить чудеса ради нас просто потому, что любит нас и радует нас исполнением желаний наших сердец. Петр пошел по воде не потому, что от этого зависела чья-то жизнь, а лишь потому, что он стремился быть ближе к Иисусу.

Другой важный момент, который здесь стоит отметить, заключается в том, что это чудо не могло произойти без моих братьев и сестер во Христе. Они были нужны мне на протяжении всего путешествия. Был момент, когда я потеряла надежду на чудо, но мои друзья поддержали меня. Одни друзья благословили меня в этой поездке различными способами, а другие покрыли меня молитвой. Божья семья объединилась в том, что делал Бог, и произошло чудо. Мы нужны друг другу для осуществления полноты наших предназначений. Мы не можем осуществить его в одиночку.

Я молюсь, чтобы мое свидетельство вдохновило вас следовать за водительством Святого Духа независимо от обстоятельств, а также чтобы вы видели важность участия общины / семьи в предпринимаемых вами рисках. Когда вы смело идете верой, следуя своему сердцу, и ищете Его прежде всего остального, даже если ваш путь проходит по незнакомым тропам, Он откроет путь там, где его нет, и позволит вам ходить по воде, соединяя вас все больше с Телом Христовым в этом процессе.

АКТИВАЦИЯ:
Мы нужны друг другу

Мы поистине нуждаемся друг в друге, чтобы войти в полноту наших предназначений. Я не могла бы совершить это путешествие без других членов Божьей семьи, помогавших мне в пути.

1. С кем из тех двенадцати человек, список которых был составлен вами в восьмой главе, вы можете связаться и пригласить стать вашим партнером, когда идете верой к своему предназначению?
2. Что вы можете сделать, чтобы укрепить свои отношения с теми, кто вам дорог? Вы можете поделиться своей нуждой с ними, вместо того чтобы пытаться все делать самостоятельно?
3. К чему Господь пробудил ваше сердце, когда вы читали мое свидетельство?
4. Куда, как вы считаете, Господь направляет вас, но вам это кажется слишком невозможным, чтобы даже начать путешествие?

Возможно, Господь вложил мечту в ваше сердце. Возможно, непреодолимые обстоятельства тоже существуют в вашей жизни, но они нужны для того, чтобы вы могли научиться больше полагаться на Бога и Тело

Христово. Возможно, Бог хочет благословить вас таким невероятным образом, чтобы лишь Ему одному была вся слава. Если Он не пожалел отдать за вас Своего Сына, почему Он не может дать вам и все остальное (см.: Римлянам 8:32)? Богу нравится любить вас. У Него есть сила и власть даровать вам способность ходить по воде, когда вы направляетесь к Нему.

Молюсь, чтобы сегодня вы получили свежую порцию веры и осознали: то, что Бог задумал, Он действительно исполнит, независимо от обстоятельств (см.: Филиппийцам 1:6). Я молюсь о том, чтобы, не сводя глаз с Иисуса и идя верой навстречу обетованиям, которые Он дал вам, вы соединили свои руки с братьями и сестрами во Христе, чтобы вместе пройти еще дальше в Нем. Станьте еще ближе к Иисусу и тем, кто вас окружает, и вместе насладитесь богатым наследством в земле обетованной, которое Он предназначил для вас.

> ...молюсь, чтобы вы, укорененные и утвержденные в любви, вместе со всеми святыми могли понять ширину, длину, высоту и глубину любви Христа и могли познать эту любовь, которая превыше человеческого разумения; молюсь, чтобы ваша жизнь преисполнилась всей полнотой Божьей.
> А Тому, Чья сила действует в нас, и Кто может сделать гораздо больше того, о чем мы просим или даже о чем помышляем, да будет слава из поколения в поколение, навеки, через Иисуса Христа и через Церковь! Аминь.
>
> *Эфесянам 3:18-21*

Чудесный полет

Это фото было сделано в аэропорту Сан-Франциско вскоре после прорыва в чудесном полете, 28 мая 2014 года

14
Жажда

Петр повидал и пережил многое в своих отношениях с Иисусом, однако он всегда оставался жаждущим большего. Его душа стремилась к Иисусу с безрассудной самоотдачей. В моменты, когда Петр видел Господа, будь то во время бури на море или после Его воскресения, он без страха снова и снова выходил из лодки к Иисусу, Который всегда ждал его.

Прыжок из лодки — попытка вторая

В 21-й главе Евангелия от Иоанна ученики все еще размышляли о том, какой будет их жизнь после воскресения Иисуса из мертвых. Прошло немного времени с момента их встречи с воскресшим Господом, и Петр решил отправиться на рыбалку на Тивериадское море. За ним последовали некоторые из учеников. После целой ночи неудачной рыбалки на берегу появился Человек и велел им забросить сети с правой стороны лодки. Когда они послушали Его, то поймали столько рыбы, что не могли вытащить сеть, — сто пятьдесят три рыбины, чтобы быть точными. В этот момент Иоанн осознал, что Человек на берегу, Который привел их к такому неожиданному улову, был Сам Иисус.

> Ученик, которого любил Иисус, сказал тогда Петру:
> — Это Господь!
> Как только Симон Петр услышал, что это Господь, он обвязался верхней одеждой, так как был раздет, и прыгнул в воду. Другие ученики поплыли за ним на лодке, подтягивая сеть, полную рыбы. Они были на расстоянии около двухсот локтей от берега.
>
> Иоанна 21:7-8

В момент, когда Петр услышал, что это был Иисус, он буквально выпрыгнул из лодки! Вам это о чем-то говорит? В этом рассказе заложено нечто глубокое. Жажда по Богу, которую Петр проявлял на протяжении всей своей жизни, была необыкновенно сильной. Для него было невероятно важно находиться рядом со своим Другом Иисусом любой ценой! И уже не имело значения, решил ли он идти по воде во время шторма или выпрыгнул из лодки, чтобы выбраться на берег, — сердце Петра всегда вело его к Иисусу. Не важно, сколько радикальных встреч с Иисусом Петр пережил в прошлом. Хотя он переживал чудо за чудом, ходил по воде, был на горе Преображения и в Гефсиманском саду, однако каждый раз, когда Петр видел Иисуса, его сердце пылало неотразимым желанием быть ближе к Нему. Он был отмечен любовью Иисуса и не мог позволить себе ничего меньшего.

Петр не раз выпрыгивал из лодки, чтобы быть рядом с Иисусом. Он знал, что значит оставить все и следовать зову сердца. Каждый раз, когда появлялся Иисус, Петр с радостью рисковал всем, чтобы быть ближе к Иисусу. Нам нужна не просто одна встреча с Иисусом; нам надо жить день за днем вместе с Ним.

Не одна только встреча

Первая встреча Петра с Иисусом, конечно же, была важной. После того как Иисус избрал его Своим учеником, их отношения развивались и встреч с Иисусом становилось все больше. Помимо хождения по воде, в жизни Петра было много других приключений. Но он искал не просто сверхъестественного переживания с Иисусом; он искал Самого Иисуса.

Первая встреча с Иисусом была потрясающей. Переживание на горе Преображения было не менее удивительным. Однако эти и другие переживания были всего лишь приглашением к жизни, полной приключений и более близких отношений с Христом. Петр никогда не довольствовался лишь одной встречей с Иисусом. Знакомство с Иисусом навсегда захватило его. Он был готов следовать за Иисусом, куда бы Тот ни шел, даже если это означало ступать по воде во время бури. Однажды Петр испытал на себе такую глубокую любовь Иисуса, что все остальное для него потеряло значение. Куда ему теперь идти? Он настолько полюбил Господа, что изменил свой образ жизни, чтобы быть там, где Иисус.

Сверхъестественные встречи с Иисусом — потрясающие события. Но мы не должны искать их лишь для того, чтобы испытать особые переживания. Нашим желанием всегда должен быть Сам Иисус и стремление приблизиться к Нему. Если при этом происходят чудеса — замечательно. Если ничего не происходит, но вы еще больше влюбляетесь в Бога, это тоже важно. Любовь может и должна возрастать.

История Петра показывает, насколько важно осознавать присутствие Иисуса и немедленно откликаться и приближаться к Нему. Иисус совершает невозможное ради нас, встречает нас Своей любовью, дает нам Божественные откровения, исцеляет нас, при этом Он желает, чтобы наша жажда к Нему возрастала.

Он хочет, чтобы мы узнавали Его в те моменты, когда Он проявляет Свое присутствие. Он хочет, чтобы мы откликались, оставляя все, чтобы быть с Ним.

Когда Божье присутствие вторгается в ваш обыденный день, откладываете ли вы все свои дела, чтобы приблизиться к Нему? Когда Он приходит и открывает Себя, можете ли вы отпустить все, чтобы просто побыть с Ним?

О чем я узнала в «Доме мира»

Помню один важный момент в 2014 году, когда я поняла важность подчинения Божьему присутствию. Однажды проводя ретрит с группой лидеров из Вефильской школы сверхъестественного служения в «Доме мира» в Окленде, я почувствовала могущественное Божье присутствие, совершенно не ожидая этого. Мы поклонялись в часовне, после чего я должна была провести для группы экскурсию по дому. Божье присутствие опустилось настолько могущественно, что я не хотела уходить. Я также не хотела разочаровывать своего духовного отца, который организовал ретрит. Что делать? Следовать первоначальному плану и устроить экскурсию по дому или оставить все и пребывать в Нем в тот момент? Вообще-то, я очень ответственный человек и выполняю свои обязательства, чтобы сохранять доверие и оставаться честной. Я мучилась от мысли, как поступить, и была вынуждена принять решение.

Всю свою жизнь я стремлюсь познавать Его и откликаться на Его присутствие. Разве я могла в тот момент уйти и заняться своими делами? Разве я могла сказать: «Боже, прости меня. Я знаю, что Ты здесь прямо сейчас, хочешь говорить со мной и глубоко коснуться моего сердца, но у меня запланирована другая встреча. Ты можешь подождать, пока я закончу и вернусь, чтобы продолжать общаться с Тобой?» Да не будет так! Нам нужно научиться отдавать Богу приоритет в нашей жизни и в наших планах. Нам необходимо отделять время, чтобы быть с Ним, но также позволять Ему нарушать наше расписание, когда ощущаем Его силу. В тот момент я решила подчиниться и остаться там, где ощущала Его могущественное присутствие. В итоге группа самостоятельно прошла экскурсию по дому, после чего присоединилась к нам в часовне, где мы все вместе продолжили пребывать с Богом.

Я поняла, что когда Божье присутствие проявляется сильнее, чем обычно, или когда я чувствую, как возрастает Божья сила, в тот же момент мне нужно остановить все и предоставить себя Ему. Если я постоянно молюсь о том, чтобы было больше Бога в моей жизни, то должна реагировать, когда Он приходит, независимо от расписания.

Неутолимая жажда

Одним из героев, тех, кто вдохновил мою жизнь и поднял веру на новые высоты, является Кэрри Джадд Монтгомери, основательница «Дома мира». Она продолжала жаждать Господа всю жизнь, несмотря на то что глубоко Его знала. У нее невероятная история чудесного исцеления, пережив которое она, двадцатилетняя девушка, основала один из первых домов исцеления в стране. Позже, в возрасте пятидесяти лет, она была крещена Духом и пережила преображающие личные встречи с Господом. Кэрри не переставала жаждать Господа. Имея успешное служение, она понимала важность ежедневного пребывания в Боге. Когда ей было за пятьдесят, в статье под названием «Жизнь с распростертыми крыльями: Возможности Пятидесятницы» она рассказала о том, что продолжает познавать Иисуса с еще большей страстью. Ниже я привожу отрывок из этой статьи и верю, что этот отрывок пробудит в вас более глубокую жажду и желание Его присутствия.

Сегодня рано утром на меня сошла Божья сила и я осознала присутствие живущего во мне Утешителя. Я поклонялась Ему, Отцу и Сыну в Его храме, а также молилась о разных вещах, как внезапно Он обратился мне: «Я хочу, чтобы ты четко осознала, что Я наполняю храм». Конечно, я знала, что Он всегда наполняет мой храм, но это было нечто иное, Он хотел осознания того, что каждая часть моего духа, души и тела пронизана Его присутствием. Он мне открыл, что я должна на это время остановить молитву и наполниться присутствием Его славы, на что я ответила: «О Боже, Святой Дух, Ты наполняешь Свой храм». Сразу же после этого комната наполнилась благоуханием, словно в ней разлили розовое масло. Ощущение Его присутствия проникло в каждую часть моего естества, даже любовь и молитва растворились в поклонении. Я вспомнила историю из Ветхого Завета, когда храм настолько наполнился славой Божьей, что священник не мог стоять и продолжать служение.

Значит, существует состояние, выходящее за рамки служения и молитвы, — это настолько могущественное откровение Его Личности, что наше естество заполняется обожанием и поклонением. Обычно это сопровождается говорением на иных языках, когда небесная песня льется наружу. Но бывают времена, когда даже языки умолкают. Его присутствие в тот момент ощущается повсеместно, атмосфера настолько наполняется небесами, что я не могу говорить, а сила Его блаженного Духа на мне так чудесна, что кажется, будто я на небесах.

Я молюсь, что это свидетельство побудит кого-то искать большего, чей-то светильник будет зажжен любовью и ведением Божьим, мы начнем познавать все хорошее, что есть в нас во Христе Иисусе, и перестанем колебаться из-за страха преследований. На нас лежит большая ответственность, и если мы прекратим свидетельствовать, то наш собственный свет померкнет.

В Псалме 102:5 мы читаем: «Насыщает благами желание твое: обновляется, подобно орлу, юность твоя» (Синодальный перевод). Здесь говорится о юности, которая обновляется, подобно орлиной. Возлюбленные, я не верю в старение, а вы? Я верю, что Бог имеет в виду то, что говорит. Не замечательно ли это? Я не собираюсь стареть. Года могут промчаться, но что с того? Моя юность и моя сила — Тот, Кто Сам вечно молод.

Итак, кто будет доверять Богу, чтобы жить с распростертыми крыльями? Вы можете, конечно, ползать. Бог благословит вас, даже ползающих. Он сделает все возможное для вас. Но насколько же лучше воспользоваться замечательными привилегиями во Христе, «поднять крылья, как орлы, побежать и не утомиться, пойти и не уставать»! О мои возлюбленные друзья, есть жизнь с распростертыми крыльями. Я чувствую, как потоки Его жизни наполняют меня и пронизывают мое смертное тело с головы до ног. Мне не подобрать слов, чтобы описать, каково это. Я в силах сделать всего несколько неуклюжих попыток рассказать вам об этом и попросить Господа открыть вам остальное. Пусть Он откроет вам ваше наследие во Христе Иисусе, чтобы вы и дальше стремились получить все, что у Него есть для вас[44].

АКТИВАЦИЯ:
Стимулирование жажды

Исцеляющий евангелист Смит Вигглсворт однажды сказал: «Я предпочел бы видеть на этой платформе человека, не исполненного Святым Духом, но жаждущего Бога, чем человека,

---

[44] Carrie Judd Montgomery, "The Life on Wings: The Possibilities of Pentecost," *Triumphs of Faith* 32, no. 8 (August, 1912): 169—177. Статья была написана на основе выступления, прозвучавшего в Стоун Черч (*Stone Church*) в Чикаго в 1910 году, и пересмотрена Кэрри перед публикацией. Вы можете прочитать эту статью в Jennifer A. Miskov, *Life on Wings: The Forgotten Life and Theology of Carrie Judd Montgomery* (1858—1946) (Cleveland, Tenn. : CPT Press, 2012), 310—316.

получившего Святого Духа и удовлетворившегося этим»[45]. Жажда — это сила. Без нее нет роста. В Матфея 5:6 Иисус сказал: «Блаженны алчущие и жаждущие правды, ибо они насытятся» (Синодальный перевод).

Встречали ли вы в последнее время людей, которые имеют жажду по Богу? Знаете ли вы тех, которые отчаянно стремятся и жаждут Иисуса? Тех, которые испытали великую меру Его любви, но все еще бедны духом и осознают полную зависимость от Него? Такие люди заразительны. Они распаляют во мне жажду, как никто и ничто другое. Я никогда не хочу быть полностью удовлетворенной — в Иисусе всегда есть что-то непознанное. Я хочу иметь здоровый баланс между огромной благодарностью Ему и признанием собственной духовной нищеты и жажды познавать еще больше Господа.

Как Петра, так и многих других лидеров пробуждения, жизни которых я изучала, отличала неутолимая жажда по большему познанию Бога. Эти святые и герои веры находили время уединяться и наслаждаться присутствием Бога, они позволяли Ему нарушать их планы, вторгаясь Своим присутствием. На протяжении всего Писания древние пророки, ученики и святые, которых мы чтим, имели эту глубокую внутреннюю жизнь. Они испытывали жажду на протяжении всего своего земного существования.

1. Я хочу спросить вас: как вы сохраняете жажду по Богу, и может ли ваша жажда расти? Рассматривали ли вы пост как инструмент, помогающий в этом?[46]

---

[45] W. Hacking, *Smith Wigglesworth — Remembered* (Tulsa : Harrison House Publishers, 1981), 29—30.

[46] См. Jennifer A. Miskov, "Feasting on God: The Lost Art of Fasting," *Silver to Gold* (blog), August 24, 2014, http://www.silvertogold.com/blog/2014/08/22/2014822feasting-on-god-the-lost-art-of-fasting-part-1.

2. Когда вы думаете о человеке с глубокой жаждой по Богу, кто всплывает у вас в памяти?
3. Пребывание рядом с людьми, жаждущими Бога, пробудит и ваш голод по Нему. Можете ли вы окружить себя теми, кто горит для Иисуса и постоянно жаждет Его?
4. Я призываю вас начать регулярно проводить время в поклонении и молитве Богу в компании одного или нескольких человек, которых Господь вам укажет. Наблюдайте за тем, что Бог начнет делать в вашей жизни после этого и насколько усилится ваша внутренняя жажда по Богу.

Святой Дух, сделай нас жаждущими Тебя. Иисус, мы хотим только Тебя. Отец, приблизь нас сегодня к Себе. Это Ты наполняешь нас жаждой большего, поэтому мы принимаем эту жажду сегодня. Мы освобождаем место, чтобы Ты пришел сегодня так, как захочешь, и наполнил нас. Приди, Святой Дух, и властвуй. Сделай нас страстно ищущими Тебя, как никогда прежде. Пусть ничто другое нас не удовлетворяет, кроме животворной любви, исходящей от Иисуса. Вся наша любовь принадлежит Тебе.

«Дом мира» в Окленде, штат Калифорния, — первый дом исцеления на Западном побережье, основанный Кэрри Джад Монтгомери в 1893 году

15
Движимые Богом

Я сидела в полном одиночестве перед фортепиано в часовне «Дома мира». На улице было лето 2015 года, а в моей жизни — очередная буря. Я рискнула следовать за своим сердцем и стала уязвимой, ощущая, как шатается под ногами земля. К тому же я понятия не имела, что произойдет дальше, будущее казалось неопределенным, отношения с важными для меня людьми не складывались, и я не знала, каким должен быть мой следующий шаг. Если все не будет получаться так, как я ожидала, скорее всего мне придется многое начать сначала. Но я же была уверена, что слышала Бога ясно и отчетливо, и именно поэтому открыла свое сердце, чтобы подчиниться Ему. Неужели я ошиблась? Как тогда понимать те знаки, которые, как я считала, Он мне подавал? Это был один из тех моментов, когда я абсолютно ничего не контролировала и полностью зависела от Иисуса. Я изо всех сил старалась подчиниться и довериться Ему, что бы ни случилось. Я отчаянно молилась о том, чтобы пришел Его огонь и очистил мое сердце, хотя и понимала, что это может быть болезненно.

Все, что я могла, это попытаться полностью сосредоточиться на Иисусе, а не на разного рода вариантах развития событий. Итак, я играла на фортепиано и просто поклонялась. Именно тогда крик моего сердца вылился в песню.

В Тебе пребуду я,
Ты прочный (*still*)[47] якорь мой,
В Тебе пребуду я,
Ты прочный якорь мой,
Ты прочный якорь мой,
Надежный якорь мой.
Опора ты моя,
В Тебе найду покой (*still*),
Опора ты моя,
В Тебе найду покой,
В Тебе найду покой,
Приди и дай покой.

Мое сокрушение изливалось перед Господом в той маленькой часовне. Мне казалось, что я последовала за своим сердцем в пучину бушующих вод. Лодка осталась далеко позади меня. Единственное, что мне оставалось, это прижаться к Иисусу и полностью довериться Ему. Вернуться назад было невозможно, я находилась в открытом море очень далеко от берега. Моя песня была провозглашением, что, какие бы бури ни обрушились, какие бы обстоятельства ни напирали на мои мечты, разбивая мое сердце и обнажая меня, я принимаю решение пребывать в Нем. Я буду продолжать взирать на Него, что бы ни произошло.

---

[47] Автор использует важное для ее дальнейших рассуждений многозначное слово *still*, которое в данном контексте означает прочность, надежность, спокойствие. — *Прим. переводчика.*

Надежный якорь

Только Бог — мой якорь и убежище. Только Он — мое пристанище. Лишь к Нему я могу спешить посреди бурь. Он моя единственная надежда. Я пребываю в Нем и нахожусь в безопасности, даже если обстоятельства против меня. Уверена, что Он контролирует любую ситуацию, в которой я нахожусь, и знает, что для меня лучше.

Я справилась с тем штормом и была очень благодарна за то, как все сложилось в конце концов. Моя вера еще больше укрепилась в понимании, что Бог со мной и за меня. Я испытала и знаю, что Его любовь желает самого лучшего для меня и других, и Он никогда не позволит мне идти на компромисс ради чего-то меньшего, чем Его лучшее. Я безмерно благодарна Ему за защиту и покров в момент моего полного бессилия. Однако боль от разрушенных ожиданий была реальной. Мне потребовалось время, чтобы пережить разочарование и потерю. Да, я растерялась и была разбита. Потребовалось время, чтобы моя надежда вновь ожила. Было очень нелегко, но в результате доверие моему Отцу стало намного глубже, и я бесконечно благодарна Ему за это.

Спустя почти год после того случая в «Доме мира» я снова оказалась перед фортепиано в верхней комнате «Дома предназначения». Шла наша ежегодная неделя молитвы и поста. Каждое утро жившие в доме собирались вместе, чтобы поклоняться и прославлять Иисуса, ожидать Его, слушать и молиться. Тем утром нас было всего несколько человек, когда я спонтанно начала играть на фортепиано. Наши сердца запылали желанием еще больше познать Иисуса. В завершение я исполнила песню «Надежный якорь» (*Anchor Still*), которую написала, находясь в состоянии сокрушения, годом ранее.

В конце поклонения и молитвы я прочла и провозгласила над нашей общиной и нашим будущим обетования из 15-й главы Евангелия от Иоанна. Дочитав до Иоанна 15:4, где Иисус говорит: «Пребудьте во Мне, и Я в вас» (Синодальный перевод), — я в тот же момент увидела, как пазлы встали на свои места. Слова Иисуса «Я (пребуду) в вас» совпали со словами из моей песни, которую мы только что спели[48].

Когда я изначально создавала эту песню, в моем разуме были темы, связанные со словом «покой» (*still*): «*Успокойтесь* (*be still*) и познайте, что Я — Бог» (Псалом 45:11, выделение автора, пер. с английского); Он мой *надежный* (*still*) якорь во всех бурях и сердечных переживаниях; Он остается верным во всех жизненных обстоятельствах. После исполнения песни я стала читать Иоанна 15, и мне в глаза бросилась фраза «Я (пребуду) в вас». Хотя текст песни не основывался на 15-й главе Евангелия от Иоанна, я провозглашала ее обетования, даже не осознавая того. Бог сформировал и зародил нечто в моем сердце, когда я ухватилась за Него во время бури, что открыло еще больше Его сердца для нашей общины годом позже. Меня никогда не перестают удивлять и потрясать уровни Божьей благости, открываемые нам снова и снова.

Пребудьте во Мне

Иисус хочет, чтобы мы пребывали в Нем и становились еще ближе к Его сердцу. Он хочет стать с нами одним целым. Речь не идет об одной встрече, которая будет поддерживать нас следующие двадцать лет. Да, встреча лицом к лицу с Ним может навсегда оставить след в нашей жизни, но это лишь начало, дверь

---

[48] В англ. оригинале первая строка из песни автора — «Пребуду я в Тебе» (*I will remain in you*) — и библейская фраза «Я пребуду в вас» (*I will remain in you*) идентичны, хотя и имеют разный смысл. — *Прим. переводчика.*

в большую глубину близости с Иисусом. Близость означает погружение глубже, в бездонные океаны Его любви. Мы должны научиться пребывать в Нем ежедневно, чтобы жить жизнью с избытком, за которую Он заплатил. Наша жизнь должна стать одной продолжающейся встречей с живым Богом, быть всегда связанной с нашим Источником.

В 15-й главе Евангелия от Иоанна Иисус говорит, что Он — истинная виноградная лоза, а Его Отец — Виноградарь, Который отсекает бесплодные ветви и подрезает хорошие, чтобы они стали более плодоносными. В 15-й главе, в стихах 4-5 Иисус говорит:

> Пребудьте во Мне, и Я в вас. Как ветвь не может приносить плода сама собою, если не будет на лозе: так и вы, если не будете во Мне. Я есмь лоза, а вы ветви; кто пребывает во Мне, и Я в нем, тот приносит много плода; ибо без Меня не можете делать ничего... (Синодальный перевод).

Если я пребуду в Нем, Он обещает пребыть во мне. Вот это сила! Но и это еще не все, Он обещает приносить много плода в мою жизнь и через нее. И самое важное в этом то, что я ничего не могу сделать без Него. Я не хочу служить, вести собрание или проводить ночь в поклонении без Него. Он — причина, по которой мы собираемся. Он — причина, по которой я говорю. Он — причина, по которой я пишу. Все — в Нем, через Него и для Него. Если Его присутствие не приходит и не покоится на людях, то это всего лишь маленькая красивая проповедь. Если люди через мои книги не встречаются с Божьей любовью и Его присутствием, тогда зачем я это делаю? Для меня ничто не имеет значения, кроме Иисуса. Все, что я хочу, это чтобы Божье присутствие окружало, наполняло и касалось людей, как никогда раньше. Я хочу, чтобы имя Иисуса прославлялось. Я хочу тронуть Божье сердце пламенной страстью и любовью.

Я хочу, чтобы мое сердце горело для Него. Я хочу стать единым целым с Ним. Такие любовь и страсть прекрасно описаны в Песне песней 8:6-7:

> Положи меня, как печать, на сердце твое, как перстень, на руку свою, потому что любовь крепка, как смерть, жар ее свиреп, как преисподняя. Она горит ярким огнем, она подобна бушующему пламени. Множество вод не потушит любви, и реки не смоют ее. Если бы кто и отдавал все богатство своего дома за любовь, он был бы отвергнут с презрением.

Лучший способ приносить плоды, изменять мир и входить в невозможное — влюбляться в Иисуса все больше и больше с каждым днем. Именно в этом состоянии близости и пребывания в Нем мы можем приносить плоды, которые будут пребывать. Без Него у нас совершенно ничего нет. Он — наш Источник. Он — наша жизнь. Он — наша любовь.

Пылает сердце мое

Все, что Бог хочет от нас, — жажда по Нему. У Петра были такие жажда и страсть. Они толкали его совершать нелепые, неконтролируемые, импульсивные поступки, чтобы приблизиться к Иисусу. В те моменты ничто другое для него не имело смысла. Петр стремился быть близко к Иисусу. Петр не представлял своей жизни без Иисуса. Когда многие из последователей оставили Его, Иисус спросил Своих двенадцать учеников:

> — Не хотите ли и вы Меня оставить? — спросил Он двенадцать. Симон Петр ответил:
> — Господи, к кому нам еще идти? У Тебя слова вечной жизни.
>
> Иоанна 6:67-68

С самого начала Петр был полон решимости. Обратного пути не было. Иисус покорил его сердце. К кому ему еще идти?

Кто еще способен удовлетворить его жажду так, как Иисус? Кто еще мог заставить каждую клетку его тела наполниться жизнью, как никогда прежде? Кто еще мог вдохновить его жить полноценной жизнью, от всего сердца, чтобы стать тем человеком, которым он был создан? Кто еще мог дать ему цель и предназначение? Кто еще мог принять его именно таким, какой он был, и заставить его почувствовать себя таким любимым? Это Иисус, Иисус, Иисус, Иисус. Только Иисус. Никто не смог бы оказать на него такое влияние, как Иисус. Все внутри Петра ожило при встрече с Иисусом. Любовь пламенеет и не знает границ. Однажды вкусив это, он был пленен навсегда. Назад дороги не было.

Иисус — всемогущий, смиренный Царь. Иисус, Тот, Кто любит нас сквозь наш стыд. Иисус, Тот, Кто видит, понимает и знает нас, как никто другой. Иисус, Тот, Кто никогда нас не оставит и не покинет, будет рядом. Иисус, Тот, Кто остается с нами, когда все остальное подведет. Иисус, Тот, Кто жил, чтобы умереть именно за нас. Иисус, пламенеющая любовь, когда-либо ступавшая по земле. Это Иисус, всепоглощающий огонь, Тот, Кто заставляет каждый капилляр нашего тела оживать, наполняться жизнью и гореть для Него. Иисус, Иисус, Иисус. Никто другой никогда с Ним не сравнится. Никакая другая любовь никогда нас не удовлетворит. Ни один другой возлюбленный не сможет коснуться наших глубин, как это может сделать Он. Никто другой не заслуживает такого доверия и преданности. Это Иисус, Помощник во время нужды, Который всегда с нами. Иисус, Тот, у Которого всегда есть время быть с нами. Только Иисус, Иисус, Иисус. Единственный, достойный всей нашей хвалы.

АКТИВАЦИЯ:
Поклонение Иисусу

Давайте прямо сейчас поклонимся Иисусу за Его благость. Пусть песня любви, как благоухание, изливается к Нему. Пусть единственной целью нашего поклонения будет воздать Ему любовью. Давайте благодарить Его за то, Кто Он есть, радоваться Его благости и превозносить Его имя.

> Иисус, Ты всемогущий и близкий Друг. Ты благой и сострадательный. Ты смиренный Царь. Иисус, мы поклоняемся Тебе. Никто в этом мире не может сравниться с Тобой. Ты наша скала и наша крепость. Ты наше убежище. Ты наша надежда и наш свет во тьме. Иисус, Ты пылающая любовь. Ты благой и милостивый к нам. Мы поклоняемся Тебе, Иисус. Никого другого мы не любим или не желаем так, как Тебя. Никто другой не может сравниться с Тобой. Наши жизни — для Тебя.
>
> Мы говорим Тебе «да». Даже если нам это будет стоить, мы говорим Тебе «да». Да будет воля Твоя в наших сердцах. Даже если нам это будет стоить, чтобы быть ближе к Тебе, мы говорим Тебе «да». Мы оставим безопасность и уют наших лодок и пойдем в середину бури, если Ты там. Мы пойдем в самые темные места этого мира и в наполненные болью сердца других, чтобы приносить Твою любовь. И не важно, что нам это будет стоить. Мы просто хотим больше Тебя. Нам нужно больше Тебя. Мы не можем прожить еще один день без познания Тебя. Мы даже не можем сделать еще один вдох без Тебя. Ты лоза, а мы ветви. Ты — наш источник жизни.
>
> Приди сейчас и осени нас Своей славой. Приди, вторгнись и овладей нашей жизнью. Мы приносим Тебе наше полное посвящение, захвати наши жизни. Научи нас любить Тебя больше. Помоги нам следовать зову сердца, плененного

Твоей любовью. Мы полностью Твои. Наша любовь — для Тебя. Наши жизни — для Тебя. Наполни каждую часть наших сердец, Господи. Мы не хотим только посещения; мы хотим Твоего обитания. Приди и устрой в нас Свое жилище. Пусть наши жизни станут местами Твоего покоя, чтобы Ты обитал внутри нас. Приди и разожги в нас неугасимую страсть к Тебе, как никогда прежде. Иисус, Иисус, Иисус, никто не сравнится с Тобой. Мы любим Тебя. Наши жизни для Тебя.

16
Смелость

Переживание чудес помогает нам еще сильнее влюбляться в Иисуса. Шаг в невозможное происходит всегда по-разному и основывается на отношениях, а не на каких-то законах. Не существует никаких подробных инструкций к тому, как шагнуть в невозможное. Чудеса происходят, когда мы продолжаем взирать на Иисуса и становимся на путь, ведущий к близким отношениям с Ним. В конце нашей жизни — и вообще в итоге — все сводится к тому, чтобы стать единым с Богом и пребывать в Нем.

Как муж и жена соединяются в моменты интимной близости, становясь единым целым, точно так же мы переживаем близкие моменты с Богом. Помимо особых встреч с Ним в разные периоды, обычную жизнь мы тоже проводим с Господом. Так и развиваются наши отношения.

Размышляя о том, как нам расположить свое сердце, чтобы еще больше влюбиться в Иисуса, я часто думаю о любви женщины к мужчине своей мечты или мужчины к женщине.

Любовь к Иисусу имеет разное значение для каждого человека, но придет время, когда выбор любить Его станет определяющим в жизни. Поэтому, чтобы углублять и укреплять свои отношения с Ним, нам следует посвящать этим отношениям время и открывать Ему свое сердце. Близость и способность делиться тем, что лежит на сердце, оживляет отношения и способствует их росту. Но чтобы делиться нашими самыми глубокими чувствами с Богом и друг с другом, нужна немалая смелость. Английское слово *courage* («смелость»), которое я употребила, происходит от латинского корневого слова *cor*, что означает «сердце»[49]. Смелость — это отвага жить из глубины своего сердца.

Чтение Библии, молитва, пост, молчание, поклонение и общение — все это столпы для поддержания огня и любви к Богу. Также полезно находиться рядом с теми, кто страстно пылает по Иисусу и кто может поддержать вас, если ваш огонь начнет угасать. Не нужно бояться быть уязвимыми перед Богом и открывать Ему сердце. Позвольте Ему проникать в потайные щели и глубины вашей души, чтобы по благодати вы могли приблизиться к Нему. Позвольте Его любви проникнуть в самые потаенные глубины. Для этого нужно открыть сердце, чтобы вы были способны принять Его неизменную любовь.

Полюбить Иисуса — только начало, за которым должно следовать возрастание, зрелость и выбор любить, — вот что

---

[49] В старофранцузском языке в 1300-х годах это слово развилось в *corage*, которое, помимо «сердца», также означало «самые глубокие чувства». В среднеанглийском слово *courage* использовалось для обозначения «того, что на уме и в мыслях». Douglas Harper, *Online Etymology Dictionary*, s.v. "courage," http://www.dictionary.com/browse/courage, доступно на 19 января 2017 года. Некоторые синонимы этого слова в настоящее время включают в себя *bravery* («отвага»), *inner strength* («внутренняя сила»), *conviction* («убеждение»), *confidence* («уверенность») и *valor* («доблесть»). Слово *encourage*, составное с *courage*, означает «воодушевлять других, укреплять или добавлять смелости их сердцам».

поддерживает здоровые отношения. Нам нужно находиться близко к Пламени, которое превосходит любое другое, чтобы сохранить огонь для Бога в наших сердцах.

Близость и риск

Рисковать и следовать за своим сердцем опасно без близости с Иисусом. Поступая так, мы можем увидеть невозможное, но оно может исходить уже не из Его сердца. Жизнь чудес никогда не следует отделять от близости с Иисусом. Любой успех без Него все равно оставит пустоту. Вечная ценность исходит от Того, Кто является нашим Источником жизни.

В Матфея 7:21-23 Иисус предостерегает тех, кто совершает великие чудеса и делает невозможное, при этом не имея личных отношений с Ним:

> Не всякий, кто говорит Мне: «Господи, Господи», войдет в Небесное Царство, но лишь тот, кто исполняет волю Моего Небесного Отца. Многие будут говорить Мне в тот день: «Господи, Господи, да разве мы не пророчествовали от Твоего Имени, разве не изгоняли Твоим Именем демонов и не совершали многих чудес?» Но тогда Я скажу им: «Я никогда не знал вас, прочь от Меня, беззаконники!»

Люди, о которых идет речь во второй половине этого отрывка, не кажутся мне злодеями, учитывая их великие дела и чудеса. Однако без отношений с Иисусом такая жизнь, полная сверхъестественного, опасна и даже вредна. В начале этого отрывка сказано, что те, кто призывает Его, но не исполняет Его волю, не войдут в Небесное Царство.

Близость с Иисусом без хождения по вере также может быть опасной, потому что Господь страстно желает, чтобы мы являли Его любовь потерянному и погибающему миру. Знать Иисуса и не исполнять Его волю, точно так же, как и не знать Его, но, рискуя, совершать великие чудеса. И то и другое означает бить мимо цели, промазывать.

Принимая во внимание эти две крайности, представьте, какую мощную силу можно высвободить, если сочетать близость с Иисусом и готовность рисковать. Что может произойти, если вы сделаете шаг веры, рожденный из отношений с Иисусом? Я убеждена, что это идеальное сочетание, чтобы увидеть невозможное. Знамения и чудеса будут естественным образом истекать из образа жизни, в котором мы стремимся стать едиными с Иисусом и идем на риск. Когда мы влюблены в Него, нас не остановить, мы обретаем смелость действовать по вере под Его водительством. Чистые и преданные Богу сердца поднимают крылья, чтобы парить в неизведанных сферах славы и невозможного.

Чтобы невозможное становилось частью нашей повседневной жизни, необходимо приближаться к Иисусу и рисковать. Если проводим время с Ним, мы пропитываемся Его желаниями в Его присутствии, поэтому можем следовать своему сердцу. Мы обретаем смелость встречать невозможные ситуации с великой надеждой, Его обетованием и ожиданием, что Бог придет на помощь. Нередко следование за Иисусом может привести нас в опасные ситуации или места. Но когда Он рядом, эти места становятся самыми безопасными из всех.

Смелость некнижных людей

Чем больше времени Петр проводил с Иисусом и узнавал Его, тем смелее становилась его вера. Смелость, которую Петр проявил посреди бури, продолжала расти, и он шел на новые рискованные шаги. В Деяниях 3:1-8 есть история о том, как однажды, уже после смерти, воскресения и вознесения Иисуса,

Петр и Иоанн, направившись для молитвы в храм, встретили хромого от рождения нищего, который каждый день сидел у ворот храма. Увидев Петра и Иоанна, немощный человек попросил у них милостыни. Петр «пристально посмотрел на него» и произнес: «Взгляни на нас!» Он понимал силу стопроцентного внимания.

Когда все внимание хромого было направлено на Петра, тот продолжил: «Серебра и золота у меня нет, но то, что есть, я даю тебе. Во имя Иисуса Христа из Назарета — встань и ходи!» (стих 6). Затем, потянув нищего за правую руку, помог тому подняться. Ступни и лодыжки того человека тут же окрепли. Увечные с рождения ноги исцелились и восстановились. Произошедшее было невозможным. Ведь мышцы его ног уже давно атрофировались. Даже получив исцеление, хромой от рождения человек, чтобы пойти, должен был потратить уйму времени на реабилитацию и восстановление.

Но ноги этого человека мгновенно окрепли, и «он вскочил на ноги и начал ходить! Он вошел с ними в храм, ходил, прыгал и прославлял Бога» (стих 8). Какая замечательная реакция исцеленного человека! В тот момент, когда Петр проявил дерзновение, чтобы явить силу Иисуса, человек полностью исцелился, восстановился и стал здоровым.

Произошедшее чудо вызвало споры и волнения в городе. Когда Петр смело заявил, что источником чуда было имя Иисуса, люди пришли в еще большее возбуждение. Огонь пробуждения начал распространяться, и почти пять тысяч человек присоединились к Царству Божьему благодаря служению Петра и Иоанна. Религиозные лидеры этого не восприняли, поэтому бросили Петра и Иоанна в темницу. На следующий день их стали допрашивали о совершенном. Исполненный Святого Духа, Петр смело заявил, что это чудо произошло «благодаря имени Иисуса Христа из Назарета» (Деяния 4:10), и призвал всех спастись.

Затем, в Деяниях 4:13, говорится: «Видя смелость Петра и Иоанна и приметив, что они люди некнижные и простые, они удивлялись, между тем узнавали их, что они были с Иисусом...» (Синодальный перевод). Мне нравится, что иудейские лидеры, увидев *смелость* Петра и Иоанна, признали единственным объяснением их поведению то, что те *были с Иисусом*. Греческое слово, переведенное в этом тексте как «смелость», это слово *паррисия (parrhesia)*, означающее «свобода, открытость, дерзновение и уверенность», особенно в отношении публичной речи. Оно происходит от слова *пас (pas)*, означающего «все»[50]. У Петра и Иоанна не было ученых степеней, золотых медалей или мирских заслуг, чтобы, полагаясь на них, отстаивать свою правоту. До встречи с Иисусом они были простыми рыбаками, но им была доступна Божья сила и чудеса, потому что они пребывали в Нем, другими словами, ходили *вместе* с Ним. У них была дружба с Иисусом, они проводили время в Его присутствии и жили от сердца.

Они были с Иисусом, поэтому имели дерзновение и смелость исцелить хромого человека и смело обращаться к толпе. Петр в своей жизни испытал реальность того, что Иисус успокаивает бурю и дает смелость ходить по воде. Теперь настало его время действовать с Иисусом, чтобы принести мир и исцеление другим во время их бурь. Люди были потрясены, но иного объяснения смелости этих некнижных людей, кроме того, что они были с Иисусом, не было.

---

[50] Online Parallel Bible Project, "3954. parrésia," Bible Hub, доступно на 12 апреля 2017 года, http://biblehub.com/greek/3954.htm

Будьте смелыми

Я верю, что Господь хочет повести нас в новые сферы познания, которые потребуют от нас большей смелости. Он хочет, чтобы мы совершали большие прорывы, открывали новые территории, входили в данное Им наследие, становились первопроходцами и отправлялись во все более захватывающие приключения. Нам предстоит побывать там, где мы еще никогда не были (см.: Иисус Навин 3:3-4).

Чтобы шагнуть в неизвестное, как это сделал Петр, требуется смелость. Она была нужна Петру, когда он в первый раз пошел на риск и «вышел из лодки», а потом во второй, в третий и четвертый разы. Если мы продолжаем идти с Иисусом и нести миру Его любовь, для каждого шага нам требуется определенная мера смелости.

Если вы хотите возрастать в смелости, как Петр, нужно проводить больше времени с Иисусом и начать рисковать. Вы, вероятно, столкнетесь с робостью, страхом отвержения, страхом неудачи, страхом перед людьми и т. д. В любом случае важно делать шаг навстречу любви. Вы получили не дух страха, а дух любви и здравомыслия (см.: 2 Тимофею 1:7). Следуйте тому, что, как вам кажется, может быть водительством Святого Духа, даже если вы не уверены в этом на сто процентов. Если вы будете рисковать и следовать своему сердцу, то будете возрастать и все больше различать голос Господа.

Мария из Вифании смело последовала за своим сердцем, когда возлила дорогостоящее миро на Иисуса (см.: Иоанна 12:1-8; Марка 14:3-9). Для этого ей пришлось преодолеть страх и не обращать внимания на то, что о ней подумают другие, кроме Иисуса. Ей также пришлось прервать обед Иисуса с друзьями. Действия Марии оскорбили учеников, и они публично упрекнули ее. Однако Иисус признал необычный жест любви и встал на ее защиту[51]. Смелость — это не отсутствие страха; а способность жить от всего сердца, невзирая на сопротивление (см.: Исаия 43). Точно так же, как Иисус защитил Марию, Он встанет и на нашу сторону, когда мы будем стремиться любить Его *всем* своим сердцем.

Вам ни к чему смелость, если вы ничего не делаете. Но она становится необходимой, когда начинаете идти и совершать что-то великое или невозможное. Бог несколько раз велел Иисусу Навину быть твердым и мужественным перед тем, как тот собирался вступить в сражение, чтобы овладеть обетованной землей. В Книге Иисуса Навина 1:9 (авторский пересказ) Он сказал: «Разве Я не велел тебе? Будь сильным и смелым. Не ужасайся; не унывай, ибо Господь, Бог твой, будет с тобой, куда бы ты ни пошел».

Еврейское слово, переведенное здесь как *смелость*, это слово *амац*, которое может означать «сильный, смелый, устойчивый, утвержденный, уверенный и решительный»[52]. В этом стихе мы видим, что смелость — это приказ или повеление, а не выбор. Позже Иисус сказал, что если мы любим Его, то будем соблюдать Его заповеди (см.: Иоанна 14:15). Нам действительно велено быть смелыми. Бог призывает нас выходить и рисковать, следуя Его водительству, независимо от того, как выглядят обстоятельства вокруг нас. Он призывает нас ходить в смелости, а не в страхе. То же самое, что Иисус сказал Петру и ученикам в лодке, Он говорит и нам сегодня: «Будьте смелыми! Это Я. Не бойтесь» (Матфея 14:27, пер. с английского).

---

[51] См.: Jennifer A. Miskov, "Love So Extravagantly It Burns Through Offense," *Elijah List*, 2 апреля 2016 года, http://www.elijahlist.com/words/display_word.html?ID=15897, или на Silver to Gold (blog), 24 марта 2016 года, http://www.silvertogold.com/blog/2016/03/24/extravagantlove

[52] Online Parallel Bible Project, "553. amets," Bible Hub, доступно на 12 апреля 2017 года, http://biblehub.com/hebrew/553.htm

Иисус говорит: «Иди»

Иисус зовет нас выйти во время бури и приблизиться к Нему — так же, как Он позвал Петра. Он призывает вас быть сильными и смелыми и посвятить себя Ему, потому что «...завтра Господь совершит среди вас чудеса» (Иисус Навин 3:5). Сегодня у вас есть выбор. Как вы поступите со словами этой книги, которые, как семена, попали внутрь вас? Оставите ли вы всякое бремя, переживания и безопасность, чтобы выйти за пределы лодки и приблизиться к Иисусу?

Что будет, если вы отпустите контроль хотя бы на мгновение? Какой станет ваша жизнь, если ничто, никто и никакой страх не будут вас удерживать? Что произойдет, если вы безумно влюбитесь в Иисуса и вас перестанут волновать мнение людей? Какой будет ваша жизнь, если вы настолько примете Его любовь, что не согласитесь ни на что меньшее, чем покорность Ему от всего сердца? Каково это жить от всего сердца, свободно, не сдерживаясь?

Иисус уже заплатил самую высокую цену за любовь. Он уже завоевал наши сердца. Он уже отдал Себя целиком за нас. Если у нас есть Он, у нас есть все. Он — жизнь с избытком, которая удовлетворяет, как ничто другое. Познание Его — наше истинное предназначение. Он — наш ответ на все. Он призывает нас быть открытыми, предоставить себя и довериться Ему. Он призывает нас следовать сердцу и не бояться делать шаги навстречу любви.

Наши жизни не принадлежат нам, мы куплены дорогой ценой. Иисус стоит нашего «да». Он стоит наших усилий. Он стоит того, чтобы оставить все позади и приближаться к Нему. Он зовет нас сегодня прийти. Он жаждет, чтобы мы присоединились к Нему в бурных водах. Его сердце жаждет, чтобы мы приблизились. Он любит нас больше, чем мы можем себе представить. Он ждет, когда мы оставим все заботы, чтобы просто посидеть с Ним. У Него есть тайны, которые Он хочет открывать нам. Иисус стоит у дверей наших сердец и стучит, чтобы мы позволили Ему войти (см.: Откровение 3:20). Настало время убрать всякую преграду. Никакая боль не должна мешать Ему любить нас. Мы можем целиком и полностью доверить Ему свои сердца.

Эта книга не случайно оказалась в ваших руках. Бог отделяет вас, чтобы вы горели для Него. Он начинает менять вашу жизнь, поэтому выводит из комфорта. Если вы переживаете очищающий огонь, значит, Он готовит вас к большему. Он собирается расширить ваши пределы (см.: Исаия 54:1-5). Он призывает вас подняться выше, чем вы когда-либо были. Он пробуждает особую жажду. Он влечет на новые уровни близости. Он разжигает страсть и отмечает вас святостью и посвящением, как никогда прежде. Он хочет, чтобы вы были бесстрашными возлюбленными, которые пойдут куда угодно и будут любить тех, кого любит Он. Он ждет вас на воде. Будьте тверды и мужественны. Пришло время жить от сердца и выйти из лодки. Держите взгляд на Иисусе, Который всегда направит вас домой.

АКТИВАЦИЯ:
Следуйте своему сердцу

Есть ли в вашем сердце вещи, которые вы скрываете от Бога и которые слишком больно обнажать? Есть ли в вашей жизни люди, которых вы глубоко цените и которым необходимо знать, как сильно вы их любите? На этом последнем задании я хочу призвать вас проявить смелость и поделиться своим сердцем, выйдя за пределы своих прежних границ.

1. Будьте более открытыми перед Богом, чем когда-либо раньше. Раскройте Ему свои самые глубокие мысли и чувства. Пригласите Его в самые отдаленные уголки вашего сердца и позвольте войти в каждую часть вашей жизни, чтобы любить вас даже в болезненных и уязвимых вещах. Будьте честны и уязвимы, откройте Ему свои разочарования, переживания и невзгоды. Позвольте Ему любить вас именно такими, какие вы есть сегодня. Вы можете сделать это через ведение дневника, молитву, безмолвие или каким-либо другим способом, которым вы лучше всего общаетесь с Богом. Главное — быть максимально честными, насколько это возможно, и говорить с Богом обо всем хорошем, плохом и даже абсолютно безобразном, и позволить Ему любить вас, несмотря ни на что. Его любовь покрывает все, даже самые темные места (см.: Римлянам 8:38-39).

2. В Притчах 27:5 говорится: «Лучше открытый упрек, чем скрытая любовь». Вот это да! Задумайтесь, скольких людей в вашей жизни вы любите, но не говорите им об этом? Другими словами, знают ли люди, которых вы любите, насколько они ценны для вас? У вас есть сегодня возможность сказать им, насколько они дороги и как много значат для вас. Нужно обладать смелостью, чтобы открыть свое сердце и воодушевить других. Не ограничивайте эту активацию лишь одним человеком. Возможно, в вашем сердце есть несколько человек, которых вы действительно любите и которым вы должны сказать об этом. Сделайте это на этой неделе. Напишите ободряющую записку. Отправьте цветы. Приготовьте

вкусный ужин. Позвоните кому-то, просто чтобы сказать: «Я люблю тебя». Наслаждайтесь этим процессом и наблюдайте, что произойдет, когда вы смело проявите любовь к тем, кто вам дорог.

17
Горите

Спасибо, что присоединились ко мне в этом путешествии под названием «Ходить по воде». Для меня большая честь делиться с вами опытом и принимать участие в том, что Бог делает в вашей жизни. Если эта книга повлияла на вас, я хотела бы услышать свидетельства и узнать, что изменилось в вашей жизни после прочтения ее. Надеюсь однажды встретиться с вами лично, чтобы вместе порадоваться Божьей благости. В последней главе мы завершаем это путешествие, чтобы начать новое...

Я молюсь, чтобы Бог запечатал то, что высвободилось в вашу жизнь через эту книгу. Я молюсь, чтобы Его любовь покрыла каждое обетование, положенное в ваше сердце. Пусть Его исцеление будет полным в вашей жизни. Пусть Господь соединит вас с такими же горящими сердцами, чтобы вы могли вместе идти дальше. Молюсь о плоде, который будет пребывать, об огне, который будет гореть ярче, и о вере, которая будет шагать в невозможное. Молюсь, чтобы вы стали целью для любви Отца и пережили ее как никогда прежде, чтобы вы были облечены великой смелостью, зная, что Он всегда с вами.

Молюсь, чтобы ваш фокус никогда не смещался с Иисуса. Я благословляю вас твердой решимостью держаться за Него, чего бы это вам ни стоило. Пусть Его присутствие будет ярким во все дни вашей жизни. Пусть для вас перестанет существовать все, что меньше Его совершенной любви. Я благословляю вас жизнью, которая не может действовать или существовать без Его присутствия. Молюсь, чтобы вы жаждали «одного только», как написано в 4-м стихе Псалма 26, и чтобы этот Псалом стал вашим новым гимном. Молюсь, чтобы вы горели огненной страстью и влюблялись в Иисуса с каждым днем все сильнее. Пусть в вас проснется новая жажда по Богу. Пусть Святой Дух сходит на вас с еще большей силой для славы Его имени. Я благословляю вас могущественным крещением Божьей любви и огня. Пусть вас полностью поглотит нежная любовь Иисуса, пока вы не будете готовы идти куда угодно и делать что угодно, чтобы только быть еще ближе к Нему.

Иисус, без Тебя мы не можем ничего. Но с Тобой у нас есть все. Ты наше «одно только». Ты причина, по которой мы движемся, дышим и существуем. Ты наша надежда. Ты наш ответ. Ты Господь над всеми бурями. Ты источник смелой веры, чтобы шагнуть в невозможное. Ты Тот, Кто творит чудеса. Ты самый близкий Возлюбленный, Которого мы когда-либо могли знать. Ты все поглощающая любовь, когда-либо ступавшая по земле. Никто не удовлетворит наши нужды так, как Ты. Никто другой не любит нас так, как Ты. Мы хотим только Тебя. Независимо от цены, мы говорим «да» тому, чтобы любить Тебя всем сердцем, потому что Ты уже заплатил самую высокую цену. Ты стоишь всех усилий. Наши жизни принадлежат Тебе.

И, наконец, мой друг, независимо от того, какие бури могут оказаться на твоем пути, я призываю тебя всегда

Горите

Взор обращать к Иисусу,
Взирать на Его светлый лик,
Земные скорби рассеются,
Ведь Он в славе Своей так велик![53]

---

[53] Helen H. Lemmel, "Turn Your Eyes upon Jesus," 1922, в открытом доступе.

Послесловие

С тех пор как вышло первое издание этой книги, в моей жизни произошло множество перемен. По милости Божьей, я смогла держать взгляд на Иисусе в моменты бурь, наполнять свой светильник маслом, принимать Его любовь и вместе с Телом Христовым продолжать двигаться вперед, видя чудеса, прорывы и невозможное.

Когда я завершила писать книгу «Ходить по воде», шел пятый год моего руководства «Домом предназначения» в Реддинге. Я начала ощущать приближение перемен. И вот наступил момент, когда мне нужно было либо купить здание для «Дома предназначения», либо отпустить все и довериться Богу. Через одну детскую книгу и разговор с Хайди Бейкер Дух Святой напомнил мне, что мы — живые камни (см.: 1 Петра 2:4-5), и что «Дом предназначения» — это не здание, а люди. Для меня отпустить мечту, за которую я заплатила большую цену, было огромным актом смирения. Я знала, что перехожу на новый этап, однако моя команда уговорила меня не закрывать служение «Дома предназначения», и я позволила им продолжить руководить им до седьмого года. Мы оставили дом, в котором родилось служение, и видение продлилось еще один год, но уже в меньшей группе.

В июле 2018 года мне неожиданно пришлось перевезти все свои вещи на склад, потому что дом, в котором я жила, был выставлен на продажу. После переезда я уехала в месячный отдых на Мауи. Через несколько недель в Реддинге начался каррский пожар. У меня разрывалось сердце, когда я смотрела новости и говорила со своими друзьями, которым пришлось эвакуироваться. Смысла возвращаться в Реддинг не было, поэтому я несколько раз продлевала свой отдых на Мауи.

Пребывая там, я записала видеокурс «Ходить по воде» (*Walking on Water, Encounter Ecourse*), основанный на этой книге. Во время записи я не раз вспоминала о том, насколько важно во времена неопределенности не отводить свой взор от Иисуса.

Когда подошло время возвращаться, я почувствовала себя подавленной, осознав, какое огромное количество дел меня ждет, и в глубине души ощущала, что не готова снова погрузиться в полновременное служение. Долгое время я ставила служение и потребности других на первое место, поэтому пренебрегала собой и своим сердцем. Мне нужно было время для исцеления и восстановления. Я чувствовала, что в этом отпуске мое сердце становилось мягче и начало преображаться.

Однако оставаться на Мауи больше трех месяцев было неприемлемым. Необходимо было покинуть привычное и снова шагнуть в неизвестное, отпустить некоторые возможности, которые я ранее планировала реализовать. Если бы я знала, что никого не подведу, что Бог меня обеспечит, что выбрала бы? Я ощущала тяжесть этого решения.

Получив подтверждение от некоторых верных духовных наставников, я сделала то, что почти никогда не делала и не делаю, — позвонила и отменила все мероприятия с моим участием, запланированные на октябрь. Без слез во время этих переговоров, к сожалению, не обошлось. Несколько приглашений выступить на различных мероприятиях я передала своим друзьям, чтобы благословить их. Возможно, впервые в жизни я решила бороться за свое сердце.

Помню, как процитировала отрывок из Предисловия Хайди Бейкер к этой книге, отправляя новость о своем решении семье и друзьям:

> То, что Бог совершил во мне, когда я предоставила себя Ему, выходит за рамки моего понимания. Он сделал намного больше того, что я могла себе представить... Не торопясь и в смирении — звучит нелогично в этом мире, который считает, что все должно стремиться быть выше, быстрее, эффективнее. Но что, если мы будем двигаться, не торопясь и смиренно, прислушиваясь к Божьему сердцу и разуму Христа, прежде чем начать действовать?.. Он ищет людей, которые будут сотрудничать с Ним, скажут «да» и подчинят свои сердца Иисусу, оставляя все свое.

Далее я рассказала о своем путешествии и о том, почему задержалась на Мауи. О том, как почувствовала, что Бог ведет меня, чтобы сделать живым посланием для этой книги «Ходить по воде». О том, что я не могу продолжать жить вчерашним, которое, как я чувствую, Бог меняет. О том, что Он приглашает меня войти в новый ритм, не торопиться и прислушаться к Его сердцу.

К концу октября я поняла, что мое время на Гавайях подошло к концу. Если бы не гостеприимство Тела Христова, я не смогла бы находиться там те три с половиной месяца. Я всегда буду благодарна им за теплый прием. Отдых на Мауи был подарком для меня, я наполнилась свежим елеем и была готова продолжить бежать свое поприще. Итак, в начале ноября я вернулась и служила в штате Вирджиния. Бог настолько сильно действовал там, что я задержалась на несколько дней и провела дополнительные собрания. Он также благословил меня финансово и восполнил все, что я упустила из-за отмены предыдущих мероприятий.

Мое сердце исцелилось, душа восстановилась, и я продолжила свой бег. С конца 2018 до конца 2019 года я путешествовала и служила в Австралии, Швейцарии, Норвегии, Англии, Германии, Франции, Чешской Республике, Бельгии, Соединенных Штатах и во многих других странах. Сказанное в Евреям 12:1-2 горело во мне, и я проповедовала этот отрывок везде, где служила. Летом 2019 года я вернулась в Реддинг, чтобы закончить наш семилетний период служения «Дома предназначения». Осенью того же года я проводила свои первые очные «Школы пробуждения» в Швейцарии, Чешской Республике и Бельгии.

Во время служений в Европе я молилась о возможном переезде туда, но вскоре получила письмо от профессора Вангардского университета (*Vanguard University*). Более года живя на чемоданах, я не знала, где наконец остановлюсь. И тут *внезапно* Бог в течение недели перенаправил меня и призвал обратно в Южную Калифорнию, где я выросла. Я согласилась преподавать в моей *альма-матер*, Вангардском университете, что стало осуществлением моей двадцатилетней мечты. Первый курс, который я вела, был посвящен пробуждению на Азуза-стрит. Круг замкнулся.

В мае 2020 года, когда мир оказался в локдауне из-за *COVID-19*, я снова вышла из лодки, чтобы запустить десятидневный онлайн-интенсив «Школы пробуждения». На него тогда записались тридцать три человека. Однажды рискнув начать, уже четвертый год подряд мы успешно проводим «Школу пробуждения», за время обучения в которой Бог прикоснулся к сотням людей. Ценности, которые сформировались в «Доме предназначения», были заложены в основу «Школы пробуждения». Многие нашли свою духовную семью и смогли сохранить огонь во времена долгой изоляции. С тех пор множество членов семьи «Школы пробуждения» пошли по пути своего предназначения.

Затем, в начале 2022 года, Хайди Бейкер высвободила пророческое слово о том, что Бог хочет дать мне дом, который нужно начать искать. Несколько месяцев спустя я сделала шаг веры в этом направлении. В тот же год, после того как Бог часто через Тело Христово совершал чудо за чудом, я получила ключи от моего «Дома чудес». Этот дом находится в горах Южной Калифорнии и посвящен стать местом молитвы, поклонения и встреч с Богом. В нем я закончила писать свою одиннадцатую книгу — «Поддерживайте пламя» (*Sustain the Flame*), в которой рассказываю всю историю «Дома чудес».

Когда мы получаем приглашение перестать торопиться и ожидать Бога, Он укрепляет нас, наполняет свежим елеем и готовит к следующему шагу, чтобы нам воспарить вместе с Ним. Иногда наступает время, когда нужно выйти из лодки, чтобы последовать за Иисусом в место покоя — для этого потребуется столько же смелости, сколько и для какого-нибудь великого чуда. Ведь если Бог приглашает нас отдохнуть и войти в покой, то мы можем быть уверены, что Он позаботится обо всех нуждах.

Приключения, в которые я отправляюсь с Иисусом, когда говорю Ему «да», слишком многочисленны, чтобы все описать. Все, что я могу сказать, — это то, что Он всегда верен, и Ему нравится, когда мы живем от сердца и оставляем все позади, чтобы быть ближе к Нему.

Я вижу, что Бог желает поднять новое поколение людей, которые готовы оставить свои лодки и быть ближе к Тому, Которого любят всем сердцем. Для них ходить по воде станет нормой.

Мы призваны жить от славы в славу. Мы созданы для Его любви. Мы рождены, чтобы ходить по воде. Пусть приключения продолжаются!

Приложение
Масло

Чтобы огонь первой любви в наших сердцах не угасал, нужно масло. Мы сможем гореть и не перегорать, если масло Святого Духа, которым мы наполняемся в тайной комнате, будет в достатке. Чем больше посвящать времени, тем больше будет наполнение. Мы можем зажигаться от других людей, но, в конце концов, следить за маслом близких отношений с Богом и поддерживать огонь, — наша ответственность.

С начала 2023 года я размышляла о 4 Царств 4:1-7. Это история о вдове, которая могла потерять своих сыновей, потому что заимодавец ее покойного мужа собирался сделать их своими рабами за их долги. Она стала умолять пророка, который был наставником ее мужа, о помощи. Елисей спросил, что было у нее в доме. Та ответила, что не осталось *ничего*, кроме незначительного количества масла.

Елисей велел ей собрать в своем доме как можно больше пустых сосудов и затворить за собой дверь. Она послала сыновей к соседям и одолжить у них пустую посуду. Далее в пустые сосуды вдова стала наливать то немногое масло, которое у нее сохранилось, и прямо на глазах масло стало умножаться. Когда все сосуды наполнились, она попросила сыновей принести еще, но те ответили, что пустой посуды больше не осталось. Елисей велел ей продать масло, чтобы погасить долги, а на остальные деньги жить.

Обратите внимание, вдова, потеряв все остальное, до конца сохраняла и берегла самое важное: свое масло. Мы можем потерять все, кроме одного единственного, чего не стоит терять никогда, — масла близости с Иисусом. Во время бури, способной разрушить жизнь вдовы, забрать у нее сыновей, Бог совершил чудо, умножив немногое масло, которое оставалось у нее. Он превратил отчаянную нужду вдовы в возможность излить масло на всю ее округу. Кризис стал приглашением для Бога расширить ее пределы и позволить Духу действовать через ее жизнь.

Чудо стало также свидетельством и для общины. Ее покойный муж был частью школы пророков, возглавляемой Елисеем. Ее сыновья собирали сосуды у соседей. Бог использовал людей, с которыми она построила отношения до этого кризиса, чтобы расширить ее возможности.

Еще одна уникальная деталь, на которую стоит обратить внимание, заключается в том, что чудо произошло тайно, за закрытыми от посторонних взглядов дверями. Масло получают только в тайном месте. Никто вместо нас не может получить или хранить наше масло; за него мы должны бороться лично.

Масло продолжало изливаться, пока оставались *пустые сосуды*. Как только у вдовы закончилась посуда, перестало литься и масло. Это могущественный прообраз. Я не хочу, чтобы масло перестало течь в мою жизнь из-за того, что я заполняю себя другими вещами и не остается места для Бога, или потому, что храню все масло только для себя. Мы призваны изливать масло на других от нашего избытка, чтобы продолжать получать свежее масло от Бога.

Масло является прообразом Святого Духа. Из этой истории мы видим, что Бог ищет пустые сосуды, которые может наполнить. Чтобы быть таким сосудом, нужно жить в смирении и подчинении. Это значит пригласить Святого Духа целиком заполнить нас — наш разум, тело, душу и дух, — а затем излить на других то, что Он влил в нас. Пока мы остаемся жертвенными сосудами, свежее масло в неограниченном количестве будет доступно нам.

Жертвенные сосуды привлекают Божье сердце. Я постоянно наблюдаю, как Бог изливает Свой Дух и врывается внутрь, крестя Своим Святым Духом и огнем тех, кто всецело отдали себя Ему. Бог настойчиво ищет и ожидает пустые сосуды, которые может наполнить. Он ищет покорные сердца, в которые Он может излить Свой Дух без меры.

Да будем мы подобны вдове, которая сохранила свое масло до самого конца и стала причиной излияния Духа в своей округе. Пусть мы будем, как те пять мудрых дев из 25-й главы Евангелия от Матфея, которые заплатили цену, чтобы сохранить свое масло, и тем самым смогли войти на свадебное пиршество с женихом. Давайте всегда будем готовы, вовремя или не вовремя, имея избыток масла, шагнуть в любое чудо, в которое Бог приглашает нас.

Пришло время гореть и не сгорать. Пока вы учитесь жить, как покорный сосуд, пусть масло Святого Духа изливается все больше и больше, разжигая пламя внутри вас и воспламеняя множество сердец вокруг.

Руководство для малых групп

Мы сильны, когда действуем вместе. Подумайте о том, чтобы собрать друзей или малую группу и пройти книгу и онлайн-курс «Ходить по воде». Соберитесь вместе за столом или проведите время в молитве и поклонении. Предложите вашей группе прочитать материал и посмотреть видеоуроки до встречи, чтобы вместе углубиться в их обсуждение. Или смотрите уроки вместе, а затем обсуждайте их. Или же проведите совместное изучение книги, если вам так больше нравится. Получайте удовольствие от этих встреч и приглашайте Святого Духа вести вас. Ожидайте особенной встречи с Богом.

6-недельные занятия по курсу «Ходить по воде», включают в себя онлайн-встречи и чтение книги

Первая неделя: Предисловие, Встреча 1: Тайное место, Встреча 2: Покой во время бури
Чтение с. 15—58

Вторая неделя: Встреча 3: Искусство отпускать, Встреча 4: Фокус
Чтение с. 59—95

Третья неделя: Встреча 5: Следуй своему сердцу, Встреча 6: Чудесный полет
Чтение с. 97—150, 165—180

Четвертая неделя: Встреча 7: Семья
Чтение с. 151—164

Пятая неделя:	**Встреча 8: Жажда,**
	Встреча 9: Смелость
	Чтение с. 181—215
Шестая неделя:	**Творческие выражения,**
	Послесловие
	Чтение с. 217—225

Встреча 1: Тайное место

Чтение: главы «Предисловие», «Начало» и «Тайное место» (с. 15—38)

Иисус приглашает нас жить, пребывая в Нем. Лучшее вложение в свою жизнь, которое мы можем делать, — проводить время с Ним в тайной комнате. Пребывать в тишине с Богом — путь к тому, чтобы слышать Его голос и встречаться с Ним (см.: Псалом 45:11). В мире, полном отвлекающий факторов, Бог призывает нас не торопиться и приблизиться к Нему. Фрэнк Бартлеман когда-то сказал: «В те дни мы хотели Бога. Мы хотели Бога больше всех тех тысяч вещей, которые требовали нашего внимания». Один из способов сфокусироваться на полном присутствии Бога — это практиковать моменты тишины, когда наша единственная цель — больше познать Его.

Проведение времени в тайном комнате — ключ к развитию близости с Богом

АКТИВАЦИЯ: Вместе с вашей группой уделите 10—15 минут тому, чтобы вместе побыть перед Богом в тишине.

ВОПРОСЫ ДЛЯ ОБСУЖДЕНИЯ

1. Как прошло короткое время тишины с Богом в малой группе? А как прошло ваше личное уединение с Богом на этой неделе? Было ли поначалу трудно хранить тишину? Появлялись ли у вас какие-то темы, образы или другие откровения? Как вы себя чувствовали после уединения? Что Бог показал вам?

2. Как вам чаще практиковать уединение с Богом в духовном хождении?

Дополнительные материалы: Матфея 14:22-23; Иоанна 15; Псалом 45:83; Луки 5:16; Марка 1:35; Ефесянам 2:22; книга Томаса Китинга «Метод центрированной молитвы» (*Thomas Keating. The Method of Centering Prayer*).

Встреча 2: Покой во время бури

Чтение: главы «Восстановление надежды» и «Покой во время бури» (с. 39—58)

В буре сокрыто невозможное. В трудных обстоятельствах Бог совершенствует наш характер и увеличивает нашу власть управлять тем, что лежит по ту сторону бури. Самое мощное, что вы можете делать в такое время, это поклоняться Богу. Благодарить Его — еще один способ ослабить действия шторма. Покой в сердце — также одно из самых эффективных видов оружия в вашем арсенале.

Покой во время бури может стимулировать следующее Великое пробуждение

АКТИВАЦИЯ: Заучите наизусть Филиппийцам 4:4-7 и напишите двадцать пунктов того, за что вы благодарны Богу.

ВОПРОСЫ ДЛЯ ОБСУЖДЕНИЯ

1. Прочитайте группе свой стих на память и расскажите о нескольких вещах, за которые вы благодарны.

2. Какой самый важный урок вы извлекли из этого раздела и почему?

3. Как изменится ваше отношение к бурям, которые могут прийти в вашу жизнь?

4. Если вы сейчас проходите жизненный шторм, к чему за его пределами Бог вас готовит и где вы видите Иисуса посреди него?

Дополнительные материалы: Матфея 14:22-24; Псалом 106; Иакова 1:2-4; Римлянам 8:28; 1 Фессалоникийцам 5:16-18; 2 Паралипоменон 20.

Встреча 3: Искусство отпускать

Чтение: главы «Искусство отпускать» и «Движимые любовью» (с. 59—84)

Одним из ключей к жизни от всего сердца является покорность. Покорность — это выбор доверять Богу. А доверие — позволить Богу все контролировать. Когда вы все отпустите, Бог пригласит нас войти с Ним в новое. Когда Петр вышел из лодки, он оставил старое и вступил в новое. Только покинув зону комфорта и ухватившись за Иисуса, мы можем получить все, что Бог для нас приготовил. Чтобы получить золото, нужно отпустить серебро. Когда Бог призывает нас отпустить прежние обязательства, нам нужно шагнуть в новое, не переставая при этом почитать прошлое.

Покорность — приглашение на новый этап

АКТИВАЦИЯ: Ожидайте Господа вместе и призовите Его огонь очистить ваши сердца. Спросите Бога, есть ли в вашей жизни что-то, от чего Он хочет, чтобы вы отказались, а затем отдайте это в Его руки.

ВОПРОСЫ ДЛЯ ОБСУЖДЕНИЯ

1. Что Бог показал вам, когда вы, покорившись, все отдали в Его руки?

2. Как вам расположить свое сердце, чтобы жить жизнью покорности Богу?

Дополнительные материалы: Матфея 14:28-29; Притчи 3:5-6; Иеремия 2:13; Иоанна 4; книги Нормана Грабба «Заступник Рис Хауэллс» (*Norman Grubb. Rees Howells Intercessor*) и Дженнифер Мисков «Серебро на золото» (*Jennifer A. Miskov. Silver to Gold*).

Встреча 4: Фокус

Чтение: главы «Фокус», «Безраздельное внимание» и «Движение вперед» (с. 85—116)

Растет то, на чем мы фиксируем свое внимание. Латинское слово «фокус» происходит от слова «огонь». Если в естественном мире можно зажечь огонь, сфокусировав через линзу солнечные лучи, представьте себе, что может сделать фокус в духовном мире. Пока несмотря ни на что наш взгляд прикован к Иисусу, мы всегда в безопасности. Совместно сосредоточившись на Иисусе, мы обретаем импульс для решающих моментов. Если мы целиком — с Ним, Он обещает пребывать с нами. Пост — один из способов, помогающих нам сфокусировать свое внимание на Иисусе. Этот дар может ускорить наш рост и усилить нашу жажду к большему познанию Бога. В конечном счете пост — это приглашение еще больше влюбиться в Иисуса.

Фокус воспламеняет огонь пробуждения

АКТИВАЦИЯ: На этой неделе найдите время для длительного молчания и выделите день, чтобы поститься и вместе расти в духовной жажде.

ВОПРОСЫ ДЛЯ ОБСУЖДЕНИЯ

1. Как прошел ваш пост на этой неделе? Было ли поначалу трудно? Какие вопросы возникали? Как вы себя чувствовали?

2. Что Бог открыл вам во время или после поста? Что вам необходимо, чтобы поститься регулярно?

Дополнительные материалы: Псалом 26; Римлянам 8:32; Евреям 12:1-2; Луки 10:38-42; Левит 6:8-13; Матфея 25; видеобонус руководства по посту «Пост ради огня», автор Дженнифер Мисков (*Jennifer A. Miskov. Fasting for Fire*).

Встреча 5: Следуй за своим сердцем

Чтение: главы «Это была не идея Иисуса», «Риск» и «Стойкость» (с. 117—150)

Жизнь с избытком, за которую умер Иисус, — это не просто билет на небеса. Она также полна сбывшихся мечтаний. Внутри нас посеяны прекрасные семена судьбы. Когда мы проводим время в присутствии Бога, Он очищает желания наших сердец. Один из способов, как мы можем прославлять Бога и доставлять Ему удовольствие, — это следовать за нашими очищенными сердцами. Томас Мертон сказал: «Дерево прославляет Бога тем, что оно дерево». Бог не хочет, чтобы мы прожили всю жизнь, ожидая явного слова от Него, прежде чем выйдем из лодки и последуем за своим сердцем. Он хочет превратить нас из слуг в друзей.

Иисус ждет, когда мы последуем за своими сердцами, чтобы Ему поддержать нас

АКТИВАЦИЯ: Составьте список всего, о чем мечтаете, не менее двадцати пяти пунктов, и помолитесь за него.

ВОПРОСЫ ДЛЯ ОБСУЖДЕНИЯ

1. Что вы почувствовали, когда записывали свои мечты? Если у вас возникли какие-либо трудности с этим, попросите Святого Духа открыть причину, разберитесь с любым разочарованием, попросите помолиться за вас и попробуйте снова.

2. Что вы узнали о себе благодаря этой активизации?

3. Почему жить, следуя за своим сердцем, необходимо, чтобы получить все, что Бог приготовил для вас?

Дополнительные материалы: Псалом 19:5; 36:4; 138; Эфесянам 2:10; Иоанна 2; 10:10; книга Дженнифер Мисков «Как писать книги в Божьей славе» (*Jennifer A. Miskov. Writing in the Glory*).

Встреча 6: Чудесный полет

Чтение: глава «Чудесный полет» (с. 165—180)

Мы должны окружать себя людьми веры. Следуя за своим предназначением, мы сможем сделать намного больше, действуя совместно с Телом Христовым, чем в одиночку. Мы также можем воспользоваться силой свидетельства Писаний, историями пробуждений, свидетельствами прорывов других людей и наших собственных, чтобы начать путь предназначения. Важно радоваться семенам прорыва еще до того, как чудо полностью проявится. Если мы радуемся желудю, то справимся и с дубом. Бог желает совершить чудо ради нас просто потому, что Он нас любит. Если вы сделаете шаг веры, то увидите, как Бог разделит ради вас воды.

Нам нужна семья, чтобы войти в полноту нашего предназначения

АКТИВАЦИЯ: Сделайте первый шаг к осуществлению одной вашей мечты из списка, который вы составили. Поделитесь своими мечтами с группой. Помолитесь друг за друга и за мечты, которые Бог вложил в ваши сердца.

ВОПРОСЫ ДЛЯ ОБСУЖДЕНИЯ

1. Есть ли в вашем сердце что-то, что кажется слишком большим, чтобы даже мечтать об этом?

2. Как подготовить себя к чуду, не получив которого от Бога вы не прорветесь и ничего не достигнете?

Дополнительные ресурсы: Иеремия 6:16; Эфесянам 3:20; Филиппийцам 4:19; Исаия 43; статья «Сила свидетельства» (*The Power of the Testimony*) на JenMiskov.com/blog

Встреча 7: Семья

Чтение: глава «Ищите прежде Царства» (с. 151—164)

Наши самые значительные прорывы тесно связаны с нашим ближайшим окружением. Ключи к нашему предназначению находятся в близости с Иисусом и связи с семьей. Взаимодействие с духовной семьей необходимо, чтобы начать путь своего предназначения. Если вы испытываете сильные колебания перед принятием решения, вероятно, вы на пороге одного из ваших величайших прорывов. Если вы ведомы Духом, следуете за своим сердцем и остаетесь верными своим убеждениям, Бог может зародить движение через вас. Падения предшествуют прорывам. В разгар наших штормов формируется послание, которое Бог хочет провозгласить через нашу жизнь.

> Когда находите свою семью,
> вы находите свою судьбу

АКТИВАЦИЯ: Будьте открытыми с близкими вам людьми (после выполнения упражнений на страницах 115—116 и с людьми из вашей группы обучения и расскажите им, почему вы их цените.

ВОПРОСЫ ДЛЯ ОБСУЖДЕНИЯ

1. Что самое важное из этого урока вы вынесли и почему?

2. Каким образом вы можете развивать семейные отношения там, где сейчас находитесь?

Дополнительные материалы: 1 Петра 2:4-5; Матфея 6:33; Псалом 26, 83; 2 Паралипоменон 20; Ефесянам 2; раздел «Наследие "Дома предназначения"» (*Destiny House Legacy*) на JenMiskov.com/vision-core-values

Встреча 8: Жажда

Чтение: главы «Жажда» и «Движимые Богом» (с. 181—200)

Когда мы голодны, все кажется вкусным. Голод привлекает Божье сердце. Исцеляющий евангелист Смит Вигглсворт однажды сказал: «Я предпочел бы видеть на этой платформе человека, не исполненного Святым Духом, но жаждущего Бога, чем человека, получившего Святого Духа и удовлетворившегося этим». Помимо первой встречи с Иисусом, когда мы родились свыше, есть великие глубины Духа, доступные нам для исследования. Бог желает, чтобы мы постоянно жаждали и горели желанием больше и больше познать Его.

Бог готовит нас к обновляющему крещению Святым Духом

АКТИВАЦИЯ: Спланируйте время совместного поклонения, во время которого служение сердцу Иисуса будет вашей единственной целью.

ВОПРОСЫ ДЛЯ ОБСУЖДЕНИЯ

1. Крещены ли вы Святым Духом? Если да, как крещение на вас **ПОВЛИЯЛО**?

2. Как бы вы попросили Бога об обновляющем крещении Святым Духом сегодня?

3. Если вы не были крещены Святым Духом, почему бы вам прямо сейчас не попросить Бога об этом?

Дополнительные материалы: Иоанна 7:37-38, 21:7-8; Деяния 2; Матфея 3:11; Иезекииль 47; книги Дженнифер Мисков «Все, кто жаждет» (*All Who Are Thirsty*) и «Жизнь с распростертыми крыльями» (*Life on Wings*).

Встреча 9: Смелость

Чтение: главы «Смелость» и «Горите» (с. 201—216)

Английское слово *courage* («смелость») происходит от латинского корневого слова *cor*, что означает «сердце». Есть нечто могущественное в уязвимой жизни от всего сердца. Для этого требуется смелость. В Новом Завете слово «смелость» происходит от слова *пас*, что означает «все». В Деяниях 4:13 люди увидели смелость Петра и Иоанна и поняли, что они были с Иисусом. Время с Иисусом является источником всей нашей смелости. В Ветхом Завете слово «смелость», использованное в Иисуса Навина 1:9, происходит от слова *амац*, что означает «бесстрашие, смелость, дерзновение». Здесь смелость — не выбор, а повеление. Не нужно дерзновения, чтобы совершить что-то обычное. Но чтобы сделать шаг к истинному величию, требуется настоящее бесстрашие. Мы на пороге чего-то нового. Бог делает нас первопроходцами на неизведанной земле, по которой мы следуем за Божьим присутствием, держась за Него. Оставайтесь близко к Иисусу, и смелость будет изливаться из вашего сердца.

Смелость — это жизнь от сердца

АКТИВАЦИЯ: Составьте список того, что для вас на практике означает жить от всего сердца и полной жизнью.

ВОПРОСЫ ДЛЯ ОБСУЖДЕНИЯ

1. Имей вы сейчас абсолютную смелость, что дерзнули бы совершить?

2. К какому следующему шагу, по вашему мнению, Бог готовит вас?

Дополнительные материалы: Матфея 7:21-23; Деяния 3:1-8, 4:13; Иисус Навин 1:9, 3:5.

Творческие проявления

Первое, что Бог сделал в истории, записанной в Библии, — сотворил небо и землю. Когда мы творим, то следуем по стопам Того, Кто сотворил Вселенную. Первым «исполненным Духом Божьим» в Ветхом Завете был мастер по имени Веселеил, призванный и помазанный Богом, чтобы создавать искусные произведения из золота и заниматься всевозможными ремёслами (см.: Исход 31:2-5). В Книге пророка Захарии 1:18-21 на примере четырёх ремесленников[54] мы также видим, как Бог использует творчество для разрушения твердынь и устрашения врага.

Греческое слово, используемое в Эфесянам 2:10 для описания того, что мы — шедевр или творение Божье, — это слово *poeta*. Мы Божья поэма, написанная этому миру. Мы созданы во Христе Иисусе для совершения добрых дел, которые Бог предназначил нам совершать. По сути, мы — творческое выражение Его сердца. Поэтому Он желает, чтобы, оторвав кусочек своего сердца, мы творчески отдали его миру.

Творческие выражения могут быть очень разными — от написания песни, стихотворения, сценки или картины до приготовления особого блюда, дизайна одежды, создания украшений, съёмки видео, постановки танца или всего, что вас вдохновляет. Нет никаких правил или ограничений для того, что вы хотите создать. Самое главное — чтобы то, что вы представляете, исходило из вашего сердца и создавалось вами с любовью. Когда вы делитесь своим творческим выражением с другими, всегда происходит обмен дарами.

---

[54] В Синодальном переводе: «рабочих». — *Прим. переводчика.*

Творчество открывает более глубокие сферы Духа

АКТИВАЦИЯ: Поразмыслив над тем, что Бог сделал в вашем сердце во время прохождения курса «Ходить по воде», создайте что-нибудь и поделитесь этим с вашей группой.

ВОПРОСЫ ДЛЯ ОБСУЖДЕНИЯ

1. Что вы создали и почему решили сделать именно это?

2. Что, по-вашему, другие получат, когда увидят, услышат и испытают это?

3. Что вы узнали о себе, выполнив эту активацию?

Дополнительные материалы: Бытие 1:1-2; Исход 31:1-11, 35:30-33; Захария 1:18-21; Эфесянам 2:10; материал на JenMiskov.com/creativeexpressions

Послесловие

Чтение: главы «Послесловие» и «Масло» (с. 217—225)

Вы — настоящий первопроходец, которого Бог воспитывает в этом поколении. Я верю в вас и в ваше предназначение. Хочу, чтобы вы шли и передавали то, что Бог вложил в вас во время нашего совместного путешествия. Несите Божий огонь тем, на кого Он вам указывает. Расширяйте свои пределы. Будьте смелыми и решительными. Бог поднимает вас не только как наставника народов, но и как духовного отца или мать для тех, кто жаждет и хочет познать большие глубины присутствия, любви и силы Божьей.

Вы — первопроходец

АКТИВАЦИЯ: Мечтайте о том, что Бог желает продолжить созидать через вашу совместную жизнь как группы и как это может излиться на других. Поделитесь тем, что Господь показывает вам. Благословите друг друга и запечатайте то, что Бог вложил в это путешествие.

ВОПРОСЫ ДЛЯ ОБСУЖДЕНИЯ

1. Какой самый важный урок вы извлекли, проходя курс «Ходить по воде», и почему?

2. Какие новые практики или изменения вы теперь внедрите в свою жизнь?

3. Что еще, по вашему мнению, у Бога может быть для этой группы после завершения данного курса?

4. Что у вас есть на сердце для продолжения совместного пути?

5. Что вы видите друг в друге пророчески?

Дополнительные материалы: Эфесянам 3:20; Евреям 12:1-2; материалы на SchoolofRevivalFire.com

Об авторе

Дженнифер А. Мисков, доктор философии, историк пробуждения, наставник по написанию книг, странствующий служитель. Она с радостью ведет людей к судьбоносным встречам с Иисусом и приглашает их испытать обновляющее крещение Святым Духом и огнем. Дженнифер является основателем и директором «Школы пробуждения» (*School of Revival*), которая помогает оснастить и воспитывать преданных последователей Иисуса по всему миру. Она регулярно проводит семинары «Как писать в Божьей славе» (*Writing in the Glory Workshops*) по всему миру, чтобы помочь авторам написать свои первые произведения. Помимо помощи Биллу Джонсону в подготовке его книги «Решающие моменты» (*Defining Moments*), Дженнифер является автором книг, среди которых: «Поддерживайте пламя» (*Sustain the Flame*), «Все, кто жаждет» (*All Who Are Thirsty*), «Пост для огня» (*Fasting for Fire*), «Воспламенение Азуза» (*Ignite Azusa*), «Как писать книги в Божьей славе» (*Writing in the Glory*), «Жизнь с распростертыми крыльями» (*Life on Wings*), «Наводнение Духа» (*Spirit Flood*), «Серебро на золото» (*Silver to Gold*). Она рукоположена на служение Хайди Бейкер и миссией «Айрис Глобал». В настоящее время живет в Южной Калифорнии, США. Больше информации о ней можно найти на сайте JenMiskov.com.

www.ingramcontent.com/pod-product-compliance
Lightning Source LLC
Chambersburg PA
CBHW062243300426
44110CB00034B/1291